INTRODUCTION

Une approche ambitionniste gagnante

Je ne suis ni optimiste ni pessimiste ; je suis possibiliste.
MAX LERNER

L'ambition. Elle nous hante. Elle nous guide. Elle nous torture. Elle nous motive. Peu importe la façon dont il vous atteint, le mot « ambition » est lourd de sens. En ma qualité d'entrepreneuse, j'ai toujours tenu la notion d'ambition pour acquise. Après tout, n'est-elle pas le moteur de tous mes actes ? C'est donc tout récemment seulement que j'ai voulu réexaminer ce terme et chacun de ses sens affectifs.

Ken Whyte, ancien rédacteur en chef du *National Post*, m'avait invitée à déjeuner dans le but de m'offrir une tribune hebdomadaire dans son journal. Basée sur le succès de mon livre précédent, *Bulldog : Spirit of the New Entrepreneur*, et sur mes travaux dans le domaine de l'automotivation et du développement de carrière, cette chronique aborderait les différents aspects du travail, de la réussite et des réalisations professionnelles dont m'avaient fait part au fil des ans mes lecteurs et les personnes venues assister à mes conférences. Nous nous sommes entendus pour que je m'attarde aux perceptions, aux suggestions, aux tactiques et aux stratégies du travail, que celui-ci soit ou non entrepreneurial.

Munie de mes sujets d'articles, il ne me restait plus qu'à trouver un titre à ma chronique. À mesure que Ken et moi discutions de questions relatives au travail, de ce qui importe aux gens, de la réussite professionnelle et des obstacles qui nous empêchent d'atteindre nos objectifs, il a dit : « Pourquoi ne pas l'appeler "Ambition"? Après tout, c'est exactement d'ambition qu'il s'agit. » Ce titre était idéal. J'ai su dès cet instant que je ne faisais pas que m'engager à explorer chaque semaine dans ma chronique l'élan humain fondamental qu'est l'ambition, mais que mes articles serviraient sans doute de point de départ à un autre livre. Ça a été le cas.

Depuis quelques années, plus je m'intéressais à la notion d'ambition et au rapport que mes clients, mes lecteurs, mes associés, mes amis et ma collectivité entretiennent avec elle, plus la réaction des individus à ce mot d'ambition et le sens qu'ils lui donnent me semblaient présenter certaines constantes. Voici quelques-unes des observations qui ont fait surface.

Qu'il s'agisse d'un financier puissant, d'un étudiant d'université aux objectifs très bien définis ou d'une femme de carrière qui a réussi, les gens à qui je demandais ce qui leur venait à l'esprit à la pensée du mot *ambition* accueillaient ma question avec un moment de silence et de réflexion. Ensuite, leur réponse traduisait presque inévitablement un effort continu pour unifier des forces contraires. « Pour moi, avoir de l'ambition consiste à réaliser mes rêves sans négliger mes êtres chers », dit l'un. « Avoir de l'ambition, dit l'autre, c'est me battre pour tout obtenir en sachant à l'avance que c'est impossible. » En d'autres termes, ces réponses mettaient en évidence l'éternel conflit entre le désir des individus (désir de réussite, de richesse, de pouvoir, de liberté) et ce qu'ils étaient prêts à sacrifier en termes de temps, de famille ou de liberté pour réaliser ce désir.

À ce tableau s'ajoute le fait que l'ambition a depuis toujours une bien mauvaise réputation. Elle évoque de riches casse-cou, des brasseurs d'affaires et des combinards, des types prêts à tout pour aller de l'avant, même si cela signifie sacrifier leurs amis, leur famille et leurs collègues. De nos jours, l'ambition est souvent synonyme

L'AMBITION

**Catalogage avant publication de
Bibliothèque et Archives Canada**

Rubin, Ellie

L'ambition : les 7 règles pour atteindre ses objectifs
Traduction de : *Ambition*

1. Succès. 2. Ambition. 3. Succès dans les affaires. I. Titre.

BF637.S8R8214 2006   158.1   C2006-94165-8

Pour en savoir davantage sur nos publications,
visitez notre site : **www.edhomme.com**
Autres sites à visiter : www.edjour.com
www.edtypo.com • www.edvlb.com
www.edhexagone.com • www.edutilis.com

09-06

© 2004, Ellie Rubin

Traduction française :
© 2006, Les Éditions de l'Homme,
une division du Groupe Sogides inc.,
filiale du Groupe Livre Quebecor Média inc.
(Montréal, Québec)

L'ouvrage original a été publié
par Viking Canada, Penguin Group (Canada),
succursale de Pearson Penguin Canada, inc.
sous le titre *Ambition: 7 Rules for Getting There*

Tous droits réservés

Dépôt légal : 2006
Bibliothèque et Archives nationales du Québec

ISBN 10 : 2-7619-2113-5
ISBN 13 : 978-2-7619-2113-8

DISTRIBUTEURS EXCLUSIFS :

• Pour le Canada et les États-Unis :
 MESSAGERIES ADP*
 955, rue Amherst
 Montréal, Québec H2L 3K4
 Tél. : (450) 640-1237Ù
 Télécopieur : (450) 674-6237
 * une division du Groupe Sogides inc.,
  filiale du Groupe Livre Quebecor Média inc.

• Pour la France et les autres pays :
 INTERFORUM
 Immeuble Paryseine, 3, Allée de la Seine
 94854 Ivry Cedex
 Tél. : 01 49 59 11 89/91
 Télécopieur : 01 49 59 11 33
 Commandes : Tél. : 02 38 32 71 00
              Télécopieur : 02 38 32 71 28

• Pour la Suisse :
 INTERFORUM SUISSE
 Case postale 69 - 1701 Fribourg - Suisse
 Tél. : (41-26) 460-80-60
 Télécopieur : (41-26) 460-80-68
 Internet : www.havas.ch
 Email : office@havas.ch
 DISTRIBUTION : OLF SA
 Z.I. 3, Corminbœuf
 Case postale 1061
 CH-1701 FRIBOURG
 Commandes : Tél. : (41-26) 467-53-33
              Télécopieur : (41-26) 467-54-66
              Email : commande@ofl.ch

• Pour la Belgique et le Luxembourg :
 INTERFORUM BENELUX
 Boulevard de l'Europe 117
 B-1301 Wavre
 Tél. : (010) 42-03-20
 Télécopieur : (010) 41-20-24
 http://www.vups.be
 Email : info@vups.be

Gouvernement du Québec – Programme de crédit
d'impôt pour l'édition de livres – Gestion SODEC –
www.sodec.gouv.qc.ca

L'Éditeur bénéficie du soutien de la Société de
développement des entreprises culturelles du
Québec pour son programme d'édition.

Le Conseil des Arts du Canada
The Canada Council for the Arts

Nous remercions le Conseil des Arts du Canada de
l'aide accordée à notre programme de publication.

Nous reconnaissons l'aide financière du gouvernement du Canada par l'entremise du Programme
d'aide au développement de l'industrie de l'édition
(PADIÉ) pour nos activités d'édition.

Ellie Rubin

L'AMBITION
LES 7 RÈGLES POUR
ATTEINDRE SES OBJECTIFS

Traduit de l'américain par Marie Perron

LES ÉDITIONS DE L'HOMME

de méfiance et on l'associe étroitement à des chefs de grandes entreprises tels les directeurs d'Enron qui, en gérant mal leur ambition personnelle, ont détruit leur crédibilité tant aux yeux du public qu'aux yeux de leurs actionnaires.

Pourtant, j'ai pu détecter chez tous les gens que j'ai interrogés le désir, voire le besoin de redéfinir ce mot d'une manière plus positive et moderne, et d'y trouver un moyen d'apaiser leurs sentiments ambivalents face à une réussite professionnelle qui les conduirait à trafiquer leurs principes. Ce mouvement semble avoir pris de l'ampleur depuis les attentats du 11 septembre 2001 et les activités terroristes que n'ont de cesse de rapporter les journaux, et face au taux de chômage, aux scandales d'entreprises et aux fluctuations des marchés boursiers. Avec une telle toile de fond pour la vie quotidienne et le besoin croissant de sécurité et de réussite, nombreux sont ceux qui choisissent de s'accorder un temps d'arrêt pour prendre du recul et remettre en question leurs valeurs et leurs attentes.

« On recherche de plus en plus un équilibre entre vie familiale et vie professionnelle, loisirs et intérêts non professionnels », dit Barbara Laporte, conseillère en vie professionnelle du Career and Lifework Center de l'Université du Minnesota. « On ne se contente plus de planifier sa carrière ; on planifie sa vie. » Ce n'est pas sans raison. Une enquête sociale générale menée par Statistique Canada en 1998 sur l'emploi du temps a révélé qu'un tiers des citoyens canadiens de vingt-cinq à quarante-quatre ans se considèrent ergomanes, et que plus de la moitié avouent s'inquiéter de ne pas passer suffisamment de temps avec leur famille et leurs amis. Plus généralement, les résultats de ce sondage ont montré que plus d'un citoyen de plus de quinze ans sur quatre se considère ergomane. Dans son texte intitulé *Déterminés à réussir : un portrait des bourreaux de travail au Canada*, Anna Kemeny signale que « ce pourcentage équivaut à celui dont rendent compte les études réalisées aux États-Unis, selon lesquelles environ 27 à 30 p. 100 de la population américaine a développé une « accoutumance au travail ». Aux

États-Unis, 78 p. 100 des sujets interrogés lors d'un sondage *American Demographics* ont dit que, depuis le 11 septembre 2001, leur famille occupait un rang plus élevé dans leur liste de priorités. Des statistiques similaires touchant l'opposition entre les valeurs personnelles et les exigences professionnelles se retrouvent dans la plupart des sociétés occidentales. Bref, notre époque exige que nous réévaluions notre notion d'ambition et que nous envisagions celle-ci dans une perspective plus holistique.

Cependant, l'ambition continue de nous titiller. Le désir de réussite et d'avancement professionnel semble avoir gagné en importance, surtout si l'on se fie aux livres traitant de ces sujets. Chacun aspirerait donc au mariage parfait entre la motivation, l'inspiration et les stratégies pratiques pouvant l'aider à identifier les meilleurs moyens de gérer son ambition en fonction de ses critères de réussite et de ses valeurs personnelles. Selon mon expérience, les gens recherchent aussi des principes directeurs aptes à favoriser l'improvisation et l'expérimentation en ce qui a trait à leur notion d'ambition.

Lorsque m'est venue l'idée d'écrire un livre sur l'ambition, j'ai envisagé mon sujet sous son angle le plus vaste. L'ambition évolue-t-elle avec le temps ? Comporte-t-elle des phases distinctes ? En quoi consiste l'ambition ? Des auteurs ont-ils déjà cerné ce sujet ? Existe-t-il un mythe ou une fable autour de l'ambition ? A-t-elle des limites ou des frontières ? Est-ce un défaut grave ? Est-ce péché ? Quelles en sont les vertus ? Quel est son but : la réussite ? les réalisations ? le pouvoir ? l'argent ? la domination ? la quête de soi ? Existe-t-il une ambition proprement féminine ? proprement masculine ? En quoi sont-elles différentes ou similaires ? L'ambition a-t-elle un rythme et une vitesse de croisière qui lui sont propres ? Est-elle toujours associée au mouvement, au dynamisme et à l'action ?

Mon raisonnement a vite pris une autre tournure. À mesure que j'effectuais des recherches sur le terrain auprès de mes clients, que je sondais les auditeurs venus m'entendre et que j'interviewais les individus doués dont j'avais le plaisir de faire la connaissance, j'ai compris que la signification de l'ambition ne résidait pas dans les « grandes » questions. À mesure que les gens me relataient leur expérience personnelle, je notais l'émergence de thèmes distincts qui recoupaient tous les domaines, du secteur d'activités au niveau de réussite en passant par la force de l'ambition. Il m'a semblé qu'en organisant l'ambition autour d'un ensemble de lois, il me serait possible de clarifier le sens, la pertinence et l'importance de la trajectoire ambitieuse d'un individu, ici et maintenant.

Plus je fouillais cette notion de lois, plus je constatais que l'ambition naturelle effraie la plupart des gens. Ils s'efforcent de trouver un moyen d'inscrire celle-ci dans les dichotomies familières de la vie d'aujourd'hui ; autrement dit, de lui trouver une place entre leurs désirs et leurs forces, entre leurs convictions premières et les valeurs que leur expérience leur a inculquées ; entre les personnes qui partagent leur existence et leurs pensées ou leurs rêves profonds. Au bout du compte, s'il est possible pour un individu de définir son ambition en fonction d'un ensemble de lois cycliques, peu importe où il se trouve sur le chemin de sa vie, il pourra encore et encore tirer parti de ce processus et le mettre en pratique de façon différente, en redéfinissant chaque fois ses objectifs.

Dans *Bulldog*, j'ai créé l'expression « Moi, Entrepreneur » afin d'encourager les lecteurs à penser et à agir dans un esprit d'entrepreneurship, qu'ils aient ou non fondé une entreprise. Dans le présent ouvrage, j'introduis le néologisme « ambitionniste » pour décrire une personne qui choisit de modeler son ambition sur ses besoins et ses désirs professionnels et personnels. J'espère que ce concept très XXIe siècle de l'ambition sera un vecteur de changement, de définition de carrière, d'esprit d'équipe et de croissance personnelle et professionnelle, et qu'il permettra aux lecteurs d'envisager leur trajectoire sous un autre angle.

Les sept lois de l'ambition se superposent les unes aux autres et peuvent être traversées une ou plusieurs fois au cours d'une même vie. Elles englobent l'enthousiasme de la révélation, l'aptitude à faire des choix judicieux, le moteur que représente le travail d'équipe, l'art de l'équilibre, et la capacité d'envisager l'échec comme une occasion d'apprentissage. Elles tiennent également compte de la redéfinition des valeurs personnelles et des satisfactions que procure l'altruisme.

Mon livre veut apporter quelques réponses aux quêtes de principes et de stratégies de survie de notre société actuelle. J'espère qu'en intégrant les sept lois de l'ambitionniste et les stratégies qui les accompagnent, vous apprendrez à redéfinir positivement votre ambition afin d'y puiser non seulement les moyens d'atteindre vos objectifs professionnels mais aussi ceux de jouir d'un plus grand bien-être et d'une plus grande satisfaction de vivre.

À mesure que se précisait la forme de ce livre grâce à ma recherche et aux retours d'information, la question suivante s'est imposée : « Qui puis-je interviewer qui saura le mieux animer ces sept lois, illustrer leur importance et leur pertinence ? De toute évidence, il me fallait rassembler des témoignages de tout un éventail de gens d'affaires ayant réussi afin d'inspirer les lecteurs et de faire en sorte que le message passe. Ma propre polyvalence m'a incitée à approcher des gens ayant fait leur marque dans une variété de domaines. J'ai donc convenu de rechercher des individus qui non seulement avaient atteint un certain niveau de réussite, mais qui avaient su gérer efficacement leur ambition tout en poursuivant inlassablement leurs rêves.

C'est ainsi que je me suis mise en quête de témoignages fascinants et inspirants. Et je les ai trouvés : dans l'univers du théâtre et dans celui de la politique environnementale, en passant par ceux de la science médicale, de la clairvoyance, des sports extrêmes et de l'art culinaire. Je suis redevable à chacune des personnes qui se sont confiées à moi pour leur franchise, leur sensibilité et leur volonté d'explorer tous les visages de leur ambition. Tandis que je prêtais l'oreille à leur histoire, ma propre ambition et la manière dont je souhaite redéfinir celle-ci ont été ranimées.

En cours d'écriture, je me suis souvent demandé si ce livre était un guide, un ensemble de lois à observer ou un recueil de témoignages inspirants. S'agit-il d'un début d'exploration ou d'un moyen pour parvenir à ses fins ? Puisque ces sept lois reflètent aussi les sept étapes du cycle de l'ambition, chaque lecteur les envisagera différemment en fonction du point où il se trouve sur le chemin de sa vie. J'ose espérer que ces sept lois représenteront un point de départ apte à vous situer par rapport à vos ambitions et qu'elles vous inspireront des stratégies que vous pourrez mettre immédiatement en pratique tandis que vous vous efforcez de cerner cette éternelle préoccupation. Certains témoignages vous toucheront, d'autres vous amuseront. Je ne doute pas que certaines idées vous sembleront farfelues et que d'autres, en frappant juste, vous forceront à vous analyser et à vous recentrer. Ma réflexion a éclairé certains aspects de ma propre ambition conflictuelle, elle m'a troublée et forcée à certaines réinterprétations.

Mais, parvenue à la fin de ce processus, j'ai constaté que l'ambition est universelle, qu'elle n'est pas réservée aux riches, aux puissants, aux fonceurs. Elle touche tous ceux qui s'efforcent de choisir une carrière ; ceux qui aspirent, après plusieurs années, à changer d'horizon ; ceux qui ne sont plus heureux dans leur travail et qui veulent se réorienter. Ainsi, que votre ambition soit grande ou modeste, je suis d'avis que les sept lois que je détaille dans ce livre vous aideront à mieux définir votre parcours. Elles vous aideront à découvrir vos aptitudes, à prendre les décisions qui vous permettront d'atteindre vos objectifs, à savoir quels sont vos guides, à vous relever de vos échecs et à identifier les principes que vous souhaitez respecter. Être un ambitionniste, c'est en quelque sorte savoir modeler sa réussite en fonction de ses exigences personnelles. C'est un éloge de l'individualité, la célébration de tout ce qui est possible sur le chemin que vous avez choisi d'emprunter.

PREMIÈRE LOI

La révélation

Au plus profond de l'hiver, j'ai enfin compris
qu'un été invincible résidait en moi.
ALBERT CAMUS

« Cela commençait toujours par une randonnée. En marchant, en trottant ou en courant, je découvrais ou redécouvrais ce à quoi j'excellais… et ce qu'il fallait que je fasse. » Ainsi commence mon entretien avec Anthony E. Zuiker. Au fil de nos conversations bien arrosées de café, j'ai su comment un conducteur de tram de Las Vegas qui faisait partie de l'équipe de nuit est devenu le créateur et le producteur exécutif de la série télévisée *CSI* (Crime Scene Investigation), l'émission la mieux cotée de l'histoire. Son histoire en est une de révélation, c'est-à-dire du point de départ de tout ambitionniste.

Anthony prend conscience de ses aptitudes réelles en dixième année, lorsqu'il choisit l'art oratoire comme matière à option. En dépit des difficultés initiales, il se classe finaliste au concours régional de fin d'année et remporte le deuxième prix. C'est en rentrant chez lui après le concours qu'il a sa première révélation : il peut écrire et il peut monter sur scène. *Qui plus est,* il aime ça. Il ignore encore à quel point parler en public lui servira dans la carrière qu'il se taillera sur mesure.

Plusieurs années plus tard, muni de deux diplômes de niveau collégial, Anthony espère décrocher un emploi intéressant où il pourra tirer parti de son talent pour écrire. Mais la vie en décide autrement. Il est d'abord engagé comme opérateur à la firme Dean Witter, puis comme vendeur chez Merrill Lynch. Ces emplois ne le motivent guère et ne font pas appel autant qu'il le voudrait à ses aptitudes d'orateur et d'écrivain. L'espoir d'y gagner beaucoup d'argent s'estompe aussi de jour en jour. Mais ce qui ne faiblit pas, c'est sa passion pour l'écriture et le plaisir qu'il éprouve à divertir son entourage. « Si bien qu'à temps perdu j'écrivais des lettres et des communiqués de presse, n'importe quoi, pour dépanner les directeurs peu doués à qui je demandais 300 $ par texte. »

À l'âge de vingt-six ans, Anthony n'avait pas encore trouvé le poste qui mettrait ses aptitudes en évidence. Lors de l'ouverture de l'hôtel Mirage, à Las Vegas, il postula et obtint le seul emploi disponible : conducteur de tram sur l'équipe de nuit au salaire de huit dollars de l'heure. Il était à des lieues de l'écrivain et de l'artiste professionnel qu'il envisageait d'être, mais il espérait gravir les échelons au sein du personnel de l'hôtel et décrocher un poste au service de la publicité. « La nuit, en conduisant mon tram, je conversais avec des touristes du monde entier. J'avais mémorisé certaines phrases en plusieurs langues, histoire de m'amuser un peu : "Comment allez-vous aujourd'hui ? Puis-je vous aider ?" J'ai fini par écrire des dépliants multilingues. Bientôt, tous les chasseurs de l'hôtel, les gérants et les commis à la réception me demandaient ces dépliants qui leur facilitaient la tâche auprès des hôtes étrangers. J'avais payé ces dépliants de ma poche parce que ça m'amusait. Mais ça ne payait pas le loyer. »

Son initiative lui avait toutefois conféré une visibilité certaine et, peu après, il fut promu au service de la publicité. Mais ses tâches étaient limitées et Anthony en vint à se demander s'il pourrait jamais mettre son talent à l'épreuve.

« Je déteste mon boulot, mais j'adore écrire, se dit-il. Pourquoi n'écrirais-je pas un scénario ? Est-ce que c'est une idée folle ? »

« Un jour, j'ai reçu un coup de fil de Dustin Lee Abraham, mon meilleur ami. Il s'était installé à L.A. pour tenter sa chance comme acteur. Il se servait de mes textes en audition et il avait beaucoup de succès. "Dis donc, mon vieux, je viens de signer avec l'agence William Morris. Tu devrais venir ici et écrire un scénario. Tu serais formidable." L'agence William Morris — c'est quoi ? Un fabricant de cigarettes ? Je jure que je n'avais *aucune* idée de ce qu'il me racontait. »

Cette conversation lui trotta dans la tête. « Je déteste mon boulot, mais j'adore écrire, se dit-il. Pourquoi n'écrirais-je pas un scénario ? Est-ce que c'est une idée complètement farfelue ? » Le lendemain, il se rendit jusqu'à la librairie du quartier, bien décidé à acheter des guides d'écriture cinématographique. En chemin, il eut une nouvelle révélation : ce qu'il voulait faire et ce qu'il savait faire de mieux étaient une seule et même chose. Il comprit que cette chance n'est pas donnée à tout le monde, et il se promit d'agir en conséquence.

Cette nuit-là, Anthony commença l'écriture de son premier scénario, intitulé *The Runner*. « À la page trente, j'ai failli tout jeter à la poubelle, mais quand j'ai eu fini, six semaines plus tard, je savais que je tenais quelque chose. »

Trois semaines après, à Santa Monica : « J'étais là, un inconnu venu de Las Vegas, et je me demandais pourquoi diable un producteur acceptait de me rencontrer au bout du Pier Three (le quai numéro 3). À mon retour à Las Vegas le lendemain, je me suis dit que j'étais fou de penser que je pouvais vendre un scénario en deux temps, trois mouvements. Étais-je donc si désespéré ? si décroché de la réalité ? Mais avant même que je puisse miner complètement ma propre confiance, le téléphone a sonné : "Fiston, c'est génial. Je te l'achète pour 35 000 $." Une mine d'or pour moi. Je suis allé remettre ma démission au Mirage et j'ai décidé de m'installer à L.A., mais avec la femme que j'avais choisi d'épouser et qui était la personne la plus importante dans ma vie. Je n'ai pas eu à faire une promenade pour savoir que j'avais pris la bonne décision. Nous sommes partis ensemble pour L.A. Et tout a commencé. »

En l'espace de quelques années, Anthony était passé de conducteur de tram à l'hôtel Mirage à scénariste doté d'un avocat, de trois agents de la CAA (l'agence d'artistes la plus courue d'Hollywood), avec en poche un contrat de 250 000 $ pour écrire sur les Harlem Globetrotters; en outre, Columbia Pictures offrait d'acheter son scénario *The Runner* pour la somme de 900 000 $. Son rêve devenait réalité. Mais il y avait un hic: il avait déjà vendu *The Runner* pour 35 000 $.

« J'avais besoin d'aller marcher. Cette fois, ce fut moins une révélation qu'une *redécouverte*. Près d'un million de dollars, c'était fantastique pour moi. Mais j'ai toujours été d'avis que la loyauté est indispensable en affaires et je n'étais pas à l'aise à l'idée de revenir sur mes engagements. Au bout du compte, j'ai refusé les 900 000 $ et nous sommes allés de l'avant avec le film à petit budget qui avait été décidé à l'origine. »

Ce film, se remémore Anthony, fut pour lui l'équivalent d'un « échec positif » au cours duquel il reçut d'Hollywood la meilleure formation possible au coût le plus bas qu'on puisse imaginer. Son film à petit budget lui permit d'apprendre le b-a-ba de la production cinématographique: les bonds en arrière, les obstacles, les relations avec les acteurs. La troisième randonnée d'Anthony ne lui fit rien découvrir de neuf, mais elle lui rappela qu'il ne devait pas encore s'écarter de sa courbe d'apprentissage. En restant dans le mode de la révélation au lieu de se précipiter vers le résultat final, il accumulerait un important capital d'expérience et investirait dans son avenir. Cette approche lui serait beaucoup plus précieuse dans le futur que les contrats les plus faramineux qu'il aurait pu signer en début de carrière.

Anthony ne dévia pas de sa route au cours des quelques années qui suivirent et acquit une grande visibilité à Hollywood. Un jour, il reçut un appel de Jerry Bruckheimer Films; on lui proposait d'écrire pour la télévision. Il n'avait jamais envisagé d'écrire pour la télévision, mais l'offre était tentante. Sa question : sur quel sujet ?

« Ma femme regardait souvent des émissions policières de la télévision par câble et me dit que les producteurs faisaient tous fausse route. Ils ne montraient pas ce que les gens désiraient voir. J'étais du même avis. Je me suis donc promené une fois de plus, cette fois pour savoir comment animer un univers que les téléspectateurs connaissaient fort peu. Grâce à un copain, j'ai accompagné une équipe d'agents de la police technique de Las Vegas pendant six semaines. J'ai tout vu — les meurtres, la violence, le sang, tous les détails d'un boulot incroyablement important et bizarre. J'ai préparé mon argument de vente. J'étais sûr de tenir une bonne histoire. »

Il revint à Hollywood, prêt à foncer. Après que trois stations eurent refusé son concept, Anthony n'était guère optimiste au moment de le présenter à un quatrième télédiffuseur. Assis en face de Nina Tassler de CBS, il se demanda comment faire en sorte que les choses tournent en sa faveur. Il allait faire son boniment habituel quand, tout à coup. il changea d'idée. « J'ai fermé les yeux et je me suis mis à raconter spontanément tout ce que j'avais vu au cours de ces six semaines passées avec les agents de la police technique à Las Vegas. Quand j'ai eu terminé, j'ai timidement ouvert les yeux. Et j'ai entendu les mots les plus doux qu'on puisse entendre : "J'adore… commencez tout de suite." »

Et c'est ainsi qu'il s'engagea dans l'écriture de *CSI*, l'émission la plus cotée de toutes, où l'on suit une équipe d'agents de la police technique tandis qu'ils enquêtent et établissent les dossiers de crimes sordides commis à Las Vegas.

Le jour où eut lieu mon entretien avec Anthony avait également lieu la première de la dramatique dérivée, *CSI Miami*. « Cette série dramatique m'a beaucoup appris : ce qu'il faut faire et ce qu'il ne faut pas faire ; et je sais que je continuerai d'apprendre à mesure que je progresserai dans ma carrière. Si vous me demandez ce que signifie pour moi être ambitieux, je dirai que cela consiste à aller de révélation en révélation… encore et encore. »

« Avoir une révélation consiste selon moi à "vagabonder" mentalement en gardant l'esprit ouvert. Si on n'a pas peur d'essayer de nouveaux trucs ou de s'engager dans des voies nouvelles, apprendre est facile. »

« Qu'en est-il, dis-je, de la cinquième promenade révélatrice dont vous m'avez parlé ? Quand s'est-elle produite ? » « Eh bien, c'est plutôt une randonnée virtuelle, celle qui me permet de trouver ce qui motive les personnages d'un scénario auquel je travaille. Il faut que je redécouvre ce qui conduit à une bonne décision créatrice ; ce que je dois faire pour atteindre un autre niveau de réussite ; les raisons qui font que ma femme et mes enfants sont si importants pour moi. Ce sont des révélations en série et j'espère qu'elles n'auront jamais de fin. »

S'interroger en gardant l'esprit ouvert

Que vous soyez au seuil d'une nouvelle carrière ou que vous tentiez de trouver un sens plus profond et une plus grande possibilité de développement dans ce que vous faites depuis plusieurs années, la révélation — découvrir ce que vous savez faire de mieux et comment vous servir de vos dons — est votre point de départ. Avoir une révélation consiste selon moi à "vagabonder" mentalement en gardant l'esprit ouvert. Si on n'a pas peur d'essayer de nouveaux trucs ou de s'engager dans des voies nouvelles, apprendre est facile. La clé réside dans l'ouverture d'esprit. Détendez-vous, ne vous imposez pas de limites, ne vous censurez pas, osez aller là où vous ne vous étiez jamais aventuré.

Que nous le reconnaissions ou non, chacun de nous est un peu ou très ambitieux. La révélation vous aidera à découvrir la nature de cette ambition, ce qu'elle signifie pour vous et comment vous pouvez en tirer le meilleur parti possible tout au long de votre carrière et de votre vie. Le désir d'écrire d'Anthony est depuis toujours le moteur de son ambition. À force de mettre ses dons à l'épreuve et de les redécouvrir sans cesse, il a pu identifier la nature de son ambition. C'est en comprenant les caractéristiques uniques de notre ambition personnelle que nous pouvons dépasser le simple emploi pour poursuivre une carrière qui nous procure du plaisir, nous confronte à des défis et se révèle être un enrichissement.

Comment donc l'ambitionniste compose-t-il avec la révélation d'une manière à la fois significative et pratique ? Il existe six stratégies pour y parvenir :

Regardez vos aspirations en face. La révélation commence lorsque vous regardez vos aspirations en face, lorsque vous définissez le plus honnêtement possible votre notion de réussite. C'est là le point de départ de votre cheminement.

N'arrêtez pas de vous poser des questions. Ce qu'il faut faire ensuite est souvent le plus difficile : faire le premier pas, démarrer le moteur qui vous éclairera sur vos dons et sur ce que vous voulez en faire. En vous concentrant sur les questions sans vous inquiéter des réponses, vous engagez déjà ce processus.

Maîtrisez l'art de la spontanéité. Préparez-vous à saisir l'inattendu en intégrant à votre démarche un taux de risque suffisant qui vous aidera à surmonter votre peur de l'inconnu. Embrassez la spontanéité — et acceptez de tomber en chute libre, car c'est ainsi que vous accroîtrez vos connaissances.

Dites-vous que vous n'êtes qu'un apprenti. Dès que votre mouvement s'amorce, l'apprentissage lié à la révélation devient inévitable. Si vous vous dites que vous n'êtes qu'un apprenti, vous garderez l'esprit ouvert, vous continuerez à apprendre et vous saurez poser les bonnes questions.

Évitez de vous censurer. Le pire obstacle à la réussite au cours de la phase de la révélation est la paralysie créatrice, intellectuelle ou psychologique qui s'installe en début de parcours. Si vous apprenez à ne pas vous censurer alors que vous vous interrogez encore, vous explorerez toutes les facettes de votre ambition sans avoir besoin de l'approbation des autres.

Nos aspirations se transforment et fluctuent à mesure que nous évoluons, et puisque l'ambition naît de ces aspirations à la fois intenses et fugitives, elle n'a ni commencement, ni milieu, ni fin.

Fiez-vous à votre boussole intuitive. L'intuition est parfois un excellent guide. Efforcez-vous de croire à vos idées même si celles-ci ne sont pas encore parfaitement définies. Accordez à votre imagination une certaine latitude pour explorer différentes avenues sans être en mesure d'en prévoir la conclusion. Examinons plus en détail chacune de ces stratégies.

Regardez vos aspirations en face

Le mot ambition n'a pas le même sens pour tout le monde. L'ambition peut conduire à vouloir devenir riche ou puissant, s'élever dans l'échelle sociale, se dévouer à une bonne cause, développer ses dons créateurs, devenir célèbre, générer des idées nouvelles, expérimenter, se réaliser pleinement ou trouver un certain équilibre. Pendant la phase de la révélation, les ambitionnistes constatent que les aspirations se transforment et fluctuent à mesure que nous évoluons et que, puisque l'ambition naît de ces aspirations à la fois intenses et fugitives, elle n'a ni commencement, ni milieu, ni fin. Au contraire, l'ambition nous surprend au moment où nous nous y attendons le moins et n'a de cesse de reparaître dans notre vie pour mettre au défi encore et encore nos anciennes aspirations.

La première loi vous demande de regarder en face ce que vous désirez le plus, et puis de revenir sans cesse à cette définition de vos aspirations. Elle est votre balise tout au long de la phase de la révélation. Ainsi que me le disait un jour l'auteur célèbre Harriet Rubin, « Les aspirations recadrent la réalité ». Cela n'est jamais plus clair que lorsque nous regardons notre ambition en face. Ce à quoi nous aspirons se fonde en partie sur ce qui nous a été inculqué et en partie sur ce je-ne-sais-quoi qui fait de chacun de nous un être unique.

J'ai saisi toute la portée de cette notion l'an dernier seulement, alors que je me trouvais en consultation avec un groupe de cadres supérieurs. Ces gens qui possédaient une vaste expérience et qui avaient réussi dans tout un éventail d'entreprises divergeaient d'opinion quand ils ne se querellaient pas sur l'ensemble des thèmes abordés. Mais ils tombèrent tous d'accord sur un point : si vous ne gérez pas votre ambition, votre ambition vous dominera. C'est-à-dire ? L'une des cadres présentes comprit un jour qu'elle travaillait pour gagner de l'argent alors qu'elle aspirait surtout à sa liberté. Un homme du groupe se rendit compte qu'il continuait de poursuivre son objectif premier de devenir chef de la direction dans une grande société, alors que ses aspirations avaient changé en cours de route. Il avait surtout envie de prendre le risque de lancer sa propre entreprise. Ces gens d'affaires étaient d'avis que, s'ils avaient pu apprendre à identifier leurs aspirations et à les redéfinir en cours de route, leur ambition aurait été assez souple pour s'ajuster petit à petit à leurs objectifs en constante mutation.

Les ambitionnistes comprennent que le simple fait d'identifier leurs aspirations suffit à les engager dans la découverte de soi. Il arrive aussi qu'ils ne puissent circonscrire leurs aspirations avant d'avoir mis en pratique les cinq stratégies suivantes, en n'oubliant jamais que « les aspirations recadrent la réalité. » Ce phénomène s'intègre à l'ouverture d'esprit qui est au cœur de la révélation.

N'arrêtez pas de vous poser des questions

Pour bien démarrer, rassemblez le plus d'information possible afin de déterminer quels sont vos points forts et ce que vous aimeriez faire. Comme il ne s'agit pas toujours de la même chose, il importe de bien vous interroger. Par exemple, Anthony a fait plusieurs tentatives avant de trouver le parfait mariage de créativité et d'enrichissement. Il a été opérateur (parler, vendre), courtier chez Merrill Lynch (faire des présentations, parler en public), il a écrit des brochures tout en conduisant un tram (écrire, faire de l'argent). Il n'a eu de cesse poursuivre son rêve qui, dans son cas, correspondait à ce qu'il savait faire de mieux. Mais il s'est posé beaucoup de questions : si je travaille à l'hôtel Mirage, pourrai-je un jour écrire des passages publicitaires ? Si j'écrivais un scénario, pourrais-je le vendre ? Si je fouillais l'univers particulier de la police technique, est-ce que cela intéresserait un télédiffuseur ? Si je renonçais à vendre mon scénario pour près d'un million de dollars pour apprendre à produire un film, est-ce que cela me servirait à long terme ? Autrement dit, au lieu de laisser son ambition naturelle prendre le dessus, il a modelé celle-ci à ses aspirations. Ses interrogations prouvaient qu'il pensait latéralement et avec créativité ; ce faisant, il faisait plus que trouver la « bonne » réponse : il posait les jalons de son prochain niveau de réussite.

Le Dr Clarissa Desjardins représente un autre exemple concret de ce que je veux démontrer. Lorsqu'elle travaillait à sa thèse de doctorat de la faculté de médecine de l'Université McGill, elle était agrégée supérieure de recherche au centre de recherche de l'hôpital Douglas. Pendant les longues heures qu'elle passait en laboratoire, elle devait recourir à des peptides radioactifs pour effectuer des tests sur des cellules. Sa sécurité lui tenant à cœur, elle se mit en tête de trouver une autre méthode et inventa un instrument qui lui permettait d'utiliser des agents fluorescents. Sa méthode se révéla efficace et sécuritaire, et ses collègues l'utilisèrent avec d'excellents résultats. Si elle s'était limitée à faire le travail qu'on attendait d'elle,

elle n'aurait jamais osé s'aventurer à chercher une solution alternative à une méthode éprouvée depuis des années.

Mais Clarissa ne s'est pas arrêtée en si bon chemin. Curieuse de savoir pourquoi les fluorescents n'avaient encore jamais été utilisés, elle enquêta, découvrit que cette technique n'était pas brevetée et fit les démarches nécessaires pour obtenir un brevet. Elle poursuivit sur sa lancée. Une fois détentrice du brevet, elle se demanda quels services ce nouvel instrument lui permettrait d'offrir. Elle était encore sans expérience, mais elle sut poser les bonnes questions, mettre sur pied un plan d'affaires et, un beau jour, après avoir franchi plusieurs obstacles, elle fonda et entreprit de gérer une entreprise très profitable.

La révélation n'est pas statique. Clarissa a continué de se poser des questions. Ma compagnie pourrait-elle intéresser quelqu'un d'autre? Pourrais-je en augmenter la valeur? Il se trouve que l'univers de la biotechnologie connaissait un boom sans précédent aux États-Unis. Au bout de quatre ans, les produits et services qu'offrait Clarissa attirèrent l'attention d'une firme américaine beaucoup plus affirmée qui acheta sa compagnie pour une somme très importante. Elle est aujourd'hui vice-présidente administrative de l'expansion de l'entreprise chez Caprion Pharmaceuticals Inc., une société qui utilise la protéomique dans la découverte et le développement de produits novateurs pour le diagnostic et le traitement des maladies. Cette firme, qui a amassé un capital de 60 millions de dollars, continue de se développer et de croître. Si Clarissa n'avait pas su se poser des questions qui, lui disait-on, allaient au-delà de ses responsabilités universitaires et de ses aptitudes en affaires, elle n'occuperait pas le poste qu'elle occupe aujourd'hui.

Tout comme Anthony, Clarissa non seulement s'est posé les bonnes questions, elle s'est aussi doublement mise au défi: jusqu'où vont mes aptitudes, et jusqu'où suis-je disposée à aller pour les exploiter? Quand vous choisissez d'identifier ce que vous savez faire et ce que vous aimez faire, n'hésitez pas à vous poser des questions même si l'on vous affirme qu'elles dépassent vos capacités à y répondre. Osez prendre des responsabilités qui vont au-delà de ce qu'on attend de vous et cherchez à atteindre l'inaccessible. Même si vous ne passez pas à la phase suivante, même si vous vous arrêtez à la révélation, vous aurez entrepris votre cheminement personnel et vous aurez préparé le terrain. Vous serez alors en mesure de vous interroger encore davantage, sans vous inquiéter des réponses à venir.

Maîtrisez l'art de la spontanéité

Tous n'ont pas la chance de se trouver sur la ligne de départ avec un objectif aussi défini et spécifique que l'était celui de Clarissa. Que doit-on faire alors ? On va à la pêche, on lance une ligne à l'eau, et on pose des tas de questions jusqu'à ce que le poisson morde. En guise d'illustration, je vais vous raconter l'histoire d'Andrew Watson, un autre individu fascinant, à la tête de l'une des entreprises les plus inspirantes et créatives au monde : le Cirque du Soleil.

Permettez-moi de planter le décor. Les locaux du Cirque du Soleil occupent une superficie de plus de 32 000 mètres carrés ; ils comptent trois salles de répétition pour les acrobates et deux pour les autres artistes, et un atelier de 370 mètres carrés où sont fabriqués annuellement 20 000 éléments de costume et 4000 paires de chaussures. Le Cirque emploie à longueur d'année quelque 300 artisans. Ses artistes se sont produits devant près de 40 millions de spectateurs au cours de 240 engagements dans 90 villes depuis sa création en 1984. En tout temps, 2500 employés de 25 nationalités différentes travaillent pour le Cirque. En pénétrant dans ses locaux, il n'y a pas lieu de s'étonner si je croise du personnel de l'administration, des monteurs, des trapézistes, des danseurs, des électriciens, des costumiers qui tous font la queue à la cafétéria pour un déjeuner bien mérité. La scène ressemble à un croisement entre un campus de Silicon Valley et un terrain de jeux.

Je suis déjà renversée avant même que l'entretien ne commence. Puis, Andrew Watson, le directeur artistique du Cirque du Soleil, vient s'asseoir et me raconte son histoire. Dans son cas aussi, il s'est agi d'une révélation, d'une découverte spontanée.

Andrew est né dans le sud du Pays de Galles, à la campagne. Si sa mère ne l'avait pas amené au concert et ou théâtre, il n'aurait sans doute jamais développé de goût particulier pour le spectacle. Mais ce contact précoce avec les arts de la scène marqua pour lui le début d'un long cheminement créateur. «À dix-sept ans, comme la plupart des gamins de mon entourage, je suis parti faire ma vie à Londres. Il fallait que je mange, si bien que j'ai pris le boulot qui s'offrait : j'ai travaillé dans une station-service, j'ai été acheteur principal pour une entreprise de papier à lettres, et ainsi de suite. Je mourais d'ennui, mais je payais mon loyer. Un beau jour, un copain devenu bateleur s'est installé dans Portobello Road. Il était jongleur et avaleur de feu ; il m'a demandé de l'accompagner. J'ai accepté. J'étais nul, mais j'ai quand même gagné un peu d'argent. Mieux : j'ai eu la piqûre. J'ai aimé me produire en public. »

Cette même année, Andrew vit l'annonce d'une école de cirque britannique, la Gerry Cottle Circus School ; il décida de passer une audition. Ainsi qu'il le dit lui-même, «Je ne savais rien faire sinon jongler de travers et me brûler», mais il parvint à convaincre Cottle de l'engager pour un spectacle qu'il lançait avec un type du nom de Basil Schoultz — un spectacle de tournée qui exigerait de lui cinq semaines d'entraînement avant d'entrer sur la piste. Ce nouveau spectacle devait révolutionner le monde du cirque ; au lieu des fauves habituels et des numéros individuels, le spectacle serait construit autour d'un thème central et mettrait en scène une troupe maison.

« Le premier jour, je suis entré dans l'immense grange où avaient lieu l'entraînement et les répétitions. J'y ai vu des gens de toutes les nationalités, de toutes les tailles, de tous les physiques, qui s'entraînaient dans ce qui ressemblait à un gigantesque terrain de jeux. J'en fus saisi d'émerveillement. Dès cet instant, j'ai su ce que je voulais faire, j'ai su que je *devais* y exceller. Je voulais faire partie de cet univers-là. »

Schoultz prit Andrew sous son aile et lui donna un entraînement hors pair. Mais la vie des gens du cirque est extrêmement exigeante. « Nous devions monter les tentes nous-mêmes, dormir à la belle étoile, prendre des douches froides dans une remorque, tout ça pour empocher 30 livres sterling par semaine à peine, sans parler du fait que nous devions conduire un camion de cinq tonnes et ramasser les ordures après chaque spectacle. Mais j'adorais ça. Jamais, dans aucun des emplois que j'avais eus auparavant, je n'avais été aussi heureux. »

En 1986, la troupe d'origine ne se composait plus que de deux personnes. Que faire ? Heureusement, un agent qui avait vu Andrew dans son numéro de haute voltige l'invita à participer avec sa partenaire au Festival mondial du cirque de demain — une importante compétition internationale. C'était sérieux. « Nous étions habitués à nous produire devant de petites salles, parfois réduites à une trentaine de personnes, dans des quartiers rudes où les gamins nous lançaient des pierres pendant le spectacle. À Paris, nous travaillions pour la première fois devant des centaines de personnes venues du monde entier. Tout à coup, notre horizon s'élargissait. »

Ils furent bien accueillis et reçurent des offres de certains des plus grands cirques du monde, puis ils décidèrent de se joindre au célèbre Cirque Roncalli. « À peu près au même moment, j'ai fait la connaissance de Guy Caron, un Québécois qui faisait la tournée des cirques européens en transportant sa tente sur le toit de sa voiture et un premier montage vidéo du spectacle de sa troupe. Cela manquait de fini, mais c'était magique. Au visionnement, je me suis dit que l'avenir du cirque était là. Nous avons dîné ensemble, j'ai rencontré les autres membres de son équipe et, ma foi, c'est là que j'ai reçu la piqûre du Cirque du Soleil. Travailler pour le Cirque Roncalli était magnifique et créateur, mais j'ai senti que l'occasion m'était donnée de me joindre à une troupe qui allait révolutionner les arts du cirque. Ce fut donc moitié par camaraderie et moitié par intuition que je me suis joint à eux. »

Embrassant complètement l'art de la spontanéité, Andrew et sa partenaire choisirent de jouer le tout pour le tout. Ils quittèrent l'un des meilleurs cirques au monde pour se joindre à un petit groupe québécois dont personne n'avait jamais entendu parler. Et oui… ce groupe allait révolutionner à jamais les arts du cirque.

«Aujourd'hui, je suis très fier de faire partie d'une équipe qui marie de nombreux éléments disparates dans son spectacle : les masques, la danse, l'éclairage, la chorégraphie… tout cela dans le but d'atteindre et d'émouvoir des spectateurs du monde entier. Je suis très heureux d'avoir accepté de m'engager sur le chemin de la découverte et d'avoir été assez spontané pour devenir un artiste de cirque dès le départ. Je peux dire que je n'ai jamais cessé de me pousser à dépasser mes limites tant que je n'ai pas trébuché sur quelque chose qui a séduit et ma tête et mon cœur. La révélation de ma vocation et mon ambition personnelle se sont jetées l'une sur l'autre et ne m'ont pas laissé de choix. Je ne changerais pas de vie pour tout l'or du monde. »

La spontanéité, à son point le plus terrifiant, suppose un plongeon dans le vide. Andrew a littéralement été entraîné à de tels plongeons. Ce trapéziste n'a jamais utilisé un filet de sécurité pendant les spectacles, risquant ainsi à tout coup la mort ou quelque chose d'approchant. «Le fait de savoir qu'on joue le tout pour le tout, qu'il n'y a pas d'échec possible est rassurant, d'une certaine manière», dit-il à froid. Accepter le risque de plonger jusqu'à sa mort équivaut à accepter le plongeon dans le vide de la phase de la révélation. Vous devez croire que vous marchez sur un fil de fer et que vous parviendrez de l'autre côté. Vous gardez l'esprit ouvert, vous restez calme et vous vous dites que vous y arriverez, car vous n'avez pas d'autre choix. Ce faisant, vous apprenez à tomber. Chaque fois que vous vous trouvez à une croisée des chemins dans votre trajectoire vers la réussite, vous mettez cette aptitude à tomber en pratique dès lors que vous réévaluez vos aspirations et vos objectifs. Et chaque fois, vous vous améliorez.

Un de mes associés ayant relocalisé à New York son agence immobilière de petite ville découvrit avec étonnement que les habitudes de travail y étaient très différentes de celles auxquelles il était habitué. Les lois et les règlements lui étaient étrangers et il parvenait difficilement à se motiver. Il opta néanmoins pour ce plongeon dans l'inconnu. Il perdit du temps et de l'argent, mais il accrut en même temps sa confiance en lui-même dès lors qu'il pouvait maintenir le *statu quo* en se contentant de beaucoup se renseigner. Il finit par découvrir un créneau relativement vierge : les jeunes entrepreneurs dynamiques dans les domaines du design, de la mode, du cinéma et des arts visuels. Leurs moyens financiers étaient inférieurs à ceux de la clientèle du monde des affaires et de la finance, mais ils étaient en général des acheteurs plus spontanés, si bien que son volume de ventes compensa ses plus faibles commissions. Il parvint en outre à réduire au maximum ses coûts de mise en marché grâce au bouche à oreille au sein du groupe compact de ses clients potentiels. Il est certain aujourd'hui qu'aucun de ces avantages ne se serait présenté s'il n'avait pas choisi de plonger dans le vide. Il avait appris une vérité subtile mais très importante : en acceptant de plonger dans le vide, vous maîtrisez plus facilement votre peur de l'inconnu.

Dites-vous que vous n'êtes qu'un apprenti

Le fait de vous considérer comme un apprenti ne veut pas dire que vous devez inscrire ce statut sur votre carte de visite ou dans votre CV ; cela signifie que vous devez vous concentrer sur le but à atteindre et parfaire vos aptitudes réelles. Peu importe que vous décrochiez le poste de vice-président à la mise en marché ou que l'on vous confie un emploi bien en deçà de vos qualifications, sachez ce que vous voulez apprendre à cette étape de votre cheminement et mesurez votre succès à ce critère de préférence à tout autre. Bien entendu, que vous travailliez au sein d'une grande entreprise, à votre propre compte ou dans une société à but non lucratif, votre condition secrète ne doit en aucun cas nuire à votre sérieux et à votre conscience professionnelle. Bien au contraire, elle doit éveiller votre curiosité et votre soif d'apprendre comme chez tout apprenti.

Une femme de ma connaissance qui occupait un poste de cadre dans le domaine de la publicité avait une longue expérience des produits manufacturés et aucune expérience politique. Soudain confrontée au plus important contrat de sa carrière, soit une campagne électorale, elle fut prise de panique car elle était certaine de ne pas être à la hauteur. Pourquoi s'engager dans cette voie, risquer de trébucher et, qui sait, nuire à sa crédibilité dans le domaine des produits manufacturés ? Mais à la suite de longues discussions, nous l'avons persuadée d'envisager cette expérience comme une période d'apprentissage et de se placer dans un état de réceptivité qu'elle n'avait pas connu de longtemps. Elle en apprit beaucoup sur la publicité et les relations publiques dans le cadre d'une campagne électorale, et constata qu'elle y excellait, tant et si bien qu'un collègue l'encouragea à entrer à son tour dans l'arène politique. Cette ambition lui aurait sûrement échappé si elle ne s'était pas écartée de son chemin.

Évitez de vous censurer

Maintenant que vous avez regardé vos aspirations en face, que vous avez posé les questions qui s'imposaient, que vous avez cédé à votre spontanéité et accepté de jouer pour un temps un rôle d'apprenti, le moment est venu pour vous de recourir à une stratégie toute simple qui consiste à éviter de vous censurer.

Il arrive que l'on connaisse ses aptitudes réelles mais qu'on ne sache pas trop comment les mettre à profit. Une telle incertitude vous paralyse presque toujours si vous tentez de planifier une stratégie avant d'avoir en mains l'information qui vous permettrait de le faire. La peur nous paralyse tous un jour ou l'autre : l'écrivain qui panique devant la page blanche, l'acteur saisi de trac, le vendeur incapable de colporter son produit, l'employé qui ne parvient pas à défendre son projet auprès de son employeur. Le secret consiste à vaincre les démons de l'autocensure avant qu'ils ne vous immobilisent.

Dès que vous vous engagez à faire des découvertes, vous devez presque inévitablement vous engager à poursuivre votre apprentissage sans faux-fuyants et sans vous imposer de restrictions.

Anthony Zuiker, à qui je demandais s'il s'était jamais senti paralysé dans sa créativité, me répondit : « Ma confiance en moi fluctue énormément. C'est ainsi pour tout le monde. Chacun a besoin d'approbation […] mais le plus important est de ne pas perdre notre objectif de vue. » Chacun de nous a besoin d'approbation et souvent la recherche. Mais si nous perdons de vue notre lointain objectif, nous ouvrons la porte à la paralysie. Dans son ouvrage intitulé *Six chapeaux pour penser*, Edward de Bono signale qu'« au lieu de porter un jugement sur notre mouvement vers l'avant, nous devons planifier notre mouvement vers l'avant. Au lieu de ne penser qu'à "ce qui est", nous devons envisager "ce qui pourrait être". » Dès que vous vous engagez à faire des découvertes, vous devez presque inévitablement vous engager à poursuivre votre apprentissage sans faux-fuyants et sans vous imposer de restrictions. Voici quelques techniques pour éviter l'autocensure.

Premièrement, sachez que le premier obstacle à franchir est souvent une piètre estime de soi. Avant même que d'autres aient quelque chose à vous reprocher, votre voix intérieure affirme : « Tu ne pourras jamais faire ça. » Elle est catégorique. La meilleure solution pour avancer malgré elle consiste à *contourner* votre ambition afin d'éviter l'autocensure. Supposons par exemple que vous souhaitiez devenir chanteuse d'opéra. Au lieu de vous décourager parce que vous avez raté votre audition au Met, chantez partout où cela vous est possible. Vous vous créerez ainsi un important réseau de contacts, vous rencontrerez des tas de gens y compris des musiciens, vous enrichirez votre répertoire musical, vous perfectionnerez votre art et, ce faisant, vous saurez mieux saisir les occasions inattendues qui se présenteront à vous. En n'ayant de cesse de vous remettre en question, d'explorer et d'oser des approches nouvelles, vous empêchez l'autocensure de saboter votre ambition.

On nous conseille souvent de relever les défis qui se présentent, de ne pas tergiverser, de faire un pas à la fois. Ces conseils sont valables, sauf durant la phase de la révélation. Mais il n'est guère possible, pour réaliser nos aspirations, d'aller de A à B à C quand on ignore encore la nature de ces aspirations. Selon un certain chef de direction, la phase initiale de ce parcours ressemble à une régate : mieux vaut louvoyer tout en s'approchant de la ligne d'arrivée que rester sur le rivage, à planifier la meilleure stratégie pour gagner la course.

Deuxièmement, voyez dans l'étape de la révélation une phase d'apprentissage plutôt qu'une quête d'approbation. Vous devez trouver en vous-même la petite voix qui vous dira « Tu peux y parvenir. Tu ne sais pas très bien où cela te mènera, mais tu peux le faire. » La publicitaire dont il a été question précédemment a eu recours à cette stratégie en acceptant un premier contrat de publicité politique.

Paradoxalement, si vous avez un don ou un talent particulier, persistez. Même si vous ne tenez pas à gagner votre vie ainsi, ne vous écartez pas de ce que vous savez faire, car le fait de pouvoir y revenir si nécessaire vous aidera à prendre des risques dans d'autres domaines. Notre publicitaire de tout à l'heure pouvait toujours se rabattre sur les produits manufacturés tout en profitant de ses connaissances nouvelles en matière de publicité politique. Ces deux domaines ne sont pas si éloignés l'un de l'autre.

D'autre part, et compte tenu de votre audace, il est parfois préférable d'explorer simultanément tout un éventail d'idées, de talents, de tracés ou d'occasions. Après tout, être ouvert à la révélation signifie s'engager dans des territoires nouveaux, si possible nombreux. Supposons que vous soyez rédacteur pour un grand quotidien. Vous avez envie de changer d'air, mais vous ignorez ce qui motive ce besoin de changement. C'est souvent ainsi que l'ambition voit le jour : dans le mariage heureux de l'intention et de l'ambiguïté. Vous avez envie d'explorer un certain nombre d'avenues, peut-être même d'autres secteurs de l'édition de journaux ou de revues, par exemple les ventes ou la mise en marché. Si vos chroniques ont du succès auprès des lecteurs, peut-être seriez-vous compétent dans la mise en marché ? Vous pourriez aussi envisager la rédaction de discours pour des conférenciers, des chefs de direction, des agences de publicité. En explorant parallèlement ces deux possibilités, vous vous familiariserez avec deux vocations différentes et vous les mesurerez simultanément l'une à l'autre. Vous serez mieux en mesure d'identifier rapidement et clairement vos forces et vos préférences. Essayez. Vous verrez.

Fiez-vous à votre boussole intuitive

On ne saurait nier le fait que la phase révélatrice s'accompagne d'une certaine perte de contrôle. Vous, les réalistes que dérange la lecture du présent chapitre, tenez-vous-le pour dit : pour dominer vos ambitions vous devez vous adonner à vos explorations en toute liberté. Et comme c'est le cas de toute stratégie efficace, un élément antagoniste vient équilibrer cette perte de contrôle : il s'agit de la boussole intuitive. L'ambitionniste se fie à son intuition.

Imaginez une représentation cartographique de vous-même et de l'œuvre de votre vie. Votre boussole est votre intuition. À mesure que vous progressez dans la phase de la révélation, vous êtes confronté à des questions auxquelles vous n'êtes pas encore prêt à répondre, à des idées dont vous n'êtes pas encore disposé à tenir compte, à des occasions qui vous paraissent encore inopportunes. Mais au lieu de faire abstraction de ces détails pour repartir de zéro, vous les repoussez à la lisière de votre carte personnelle, confiant que votre boussole intuitive vous indiquera le nord même si vous serpentez vers l'est, l'ouest ou le sud. Au début, vous perdrez pied. Mais avec un peu d'expérience, vous verrez que c'est là une aptitude qui vous rendra de fiers services.

J'ai conseillé le titulaire d'un doctorat, un homme hautement qualifié qui depuis des années ne parvenait pas à se faire engager par un établissement d'enseignement supérieur. Il travaillait dans d'autres domaines en se disant que, le moment venu, il trouverait bien le moyen de pénétrer le milieu universitaire. Au bout de quelques consultations, il a compris que s'il créait des occasions dans un domaine voisin de celui qu'il visait, il s'orienterait peu à peu vers son champ d'intérêt et vers le poste de professeur auquel il aspirait. Il entreprit d'offrir ses services comme animateur d'ateliers dans des centres d'apprentissage, ce qui lui permit d'acquérir beaucoup d'expérience dans l'enseignement au sein d'un réseau d'institutions extrascolaires, car en plus d'être surqualifié il excellait à enseigner. Ce faisant, il établit des contacts avec d'autres professeurs qui dirigeaient de temps à autre des ateliers et sut beaucoup mieux ce qu'il désirait faire.

Lorsqu'un poste de professeur s'offrit enfin à lui, il hésita. Il comprit que, pour s'être fié à son intuition, il faisait maintenant un travail qu'il aimait et auquel il excellait, si bien qu'il opta pour n'y rien changer. Il en vint à fonder son propre centre d'apprentissage où il accueillit des enseignants dans la même situation que celle qui avait été la sienne. S'il n'avait pas su se fier à sa boussole intuitive, il n'aurait jamais découvert sa véritable ambition, car il se serait fondé sur d'anciennes aspirations pour orienter sa carrière.

Pour comprendre les avantages que procure la boussole intuitive, visualisez-vous en train de vous pencher en direction de votre ambition. Pour Lynda Obst, productrice de films tels que *Sleepless in Seattle* et *Contact*, cela veut dire « mener un cheval où il veut aller. » C'est aussi de la sorte que les moniteurs de ski décrivent la manière d'« avaler » les bosses : il faut coller au terrain en dépit de l'instinct qui veut pousser le skieur vers l'arrière. Spontanément, nous résistons tous au changement, nous cherchons à le contourner. Mais il n'y a qu'un moyen de traverser réellement la phase de la révélation, et c'est de voir où nous conduira notre ambition.

Le mot de la fin

Avoir une révélation ne signifie pas démissionner sur un coup de tête pour se lancer dans une nouvelle carrière. Ainsi que le dit Anthony Zuiker : « Il faut toujours faire en sorte de tenir quelques bonnes cartes et savoir quand rester à l'abri. Ensuite, il faut se servir de cette sécurité pour oser s'interroger de mille et une façons et emprunter des chemins nouveaux qui conduiront à des découvertes révélatrices. »

Andrew Watson est un partisan de la révélation par essais et erreurs. Il ne croit pas, par exemple, qu'une scolarité interminable puisse aider les jeunes à savoir ce qu'ils veulent et ce pour quoi ils sont doués. Ayant dû entrer très tôt sur le marché du travail, il a vite écarté ce qu'il n'avait pas envie de faire, il a découvert ce qu'il désirait et en se fondant sur cette révélation il a perfectionné des dons qu'il ne croyait même pas posséder. Ce n'est pas ce que nous apprennent les méthodes d'enseignement structuré.

Avoir une révélation signifie que l'on a fait un choix entre demeurer un éternel rêveur ou devenir un ambitionniste bien décidé à se tracer un chemin menant à une réussite efficacement gérée.

• Les rêveurs ne peuvent pas concrétiser leurs désirs et ils évitent les questions qui dévoilent les contraintes de ces désirs. Les ambitionnistes osent se poser les questions qui leur montrent ce qu'ils doivent savoir pour prendre leurs aspirations en mains.

- Les rêveurs se renseignent souvent sur ce qui les passionne, mais ils ne font jamais le premier pas. Les ambitionnistes développent leur spontanéité afin de saisir toutes les occasions favorables qui se présentent.

- Les rêveurs rêvent de devenir experts, de mener un projet à sa conclusion, ou de se couvrir d'honneurs. Les ambitionnistes acceptent de perdre provisoirement de vue leur objectif pour devenir des apprentis consentants en attendant de se poser les bonnes questions.

- Les rêveurs ont besoin d'approbation et censurent leur propre réussite. Les ambitionnistes apprennent à se fier à leur boussole intuitive pour se frayer un chemin dans ce que les autres jugent impossible.

- Les rêveurs pérorent sur le sens de l'ambition et ne reconnaissent pas que la révélation ouvre la porte à la réussite. Les ambitionnistes savent que la découverte révélatrice est le déclencheur de leur développement personnel et de leur contribution à la société ; chez eux, la révélation ouvre la voie aux cycles subséquents de l'ambition.

J'ai demandé à Anthony, Andrew et Clarissa de me décrire le cheminement qu'ils ont accompli à ce jour. Pour Anthony Zuiker, ce cheminement est « sans limite » ; Andrew Watson a dit : « C'est tout le contraire d'une montagne russe : le chemin monte toujours au lieu de monter et descendre » ; quant à Clarissa Desjardins, elle dit « obéir à sa passion ».

Si, comme ces trois ambitionnistes, vous parvenez à vous engager dans la voie de l'ambition sans vous restreindre et en obéissant à vos désirs, vous serez des explorateurs libres, capables de surprise et d'émerveillement. Sachez que vous voilà à bord de montagnes russes qui ne font que grimper. Quand vous aurez assimilé cette notion de la révélation, l'ambitionniste que vous êtes sera prêt à passer à la prochaine étape.

DEUXIÈME LOI

La focalisation

Ne vous appesantissez ni sur le passé ni sur l'avenir,
mais fixez votre esprit sur l'instant présent.
BOUDDHA

Qu'ont donc en commun une coureuse d'endurance, un metteur en scène de théâtre, un chef de direction dans une entreprise de haute technologie et un distributeur de films ? L'aptitude aux décisions courageuses répétées. Qu'est-ce que le courage ? Un moyen d'action. L'anecdote qui suit plante le décor de la deuxième loi du parcours de l'ambition.

Robyn Benincasa est la seule femme américaine qui ait remporté la victoire à l'Eco Challenge et au Raid Gauloises — les deux courses d'endurance les plus prestigieuses au monde. Ce n'est pas un mince exploit, compte tenu du fait qu'un coureur d'endurance est encore plus résistant qu'un homme de fer[1] ! Imaginez une épreuve sportive où des équipes de quatre personnes sont abandonnées en pleine nature sauvage pendant dix jours aux cours desquels elles doivent participer à un certain nombre d'épreuves physiques et athlétiques. Non seulement les coureurs d'endurance doivent être des athlètes de haut niveau ; ils doivent aussi être dotés d'une résistance mentale hors du commun pour être en mesure de se tirer indemnes des situations imprévisibles et souvent extrêmement

---

1. Allusion au triathlon Ironman

dangereuses qui risquent de se produire en milieu sauvage. Robyn fait partie de ces êtres d'exception.

« En 1998, nous étions en Écuador. Au sommet de la course, dont c'était le troisième jour, notre équipe s'est retrouvée en tête. Nous devions grimper jusqu'au sommet d'un volcan actif de plus de 6000 mètres. Un violent orage limitait notre visibilité et la température dégringolait. Nous n'avions eu qu'une heure et demie de sommeil la nuit précédente et nous étions épuisés. Chaque équipe excellait dans un domaine ou un autre. L'alpinisme n'était pas notre point fort. Nous avons rejoint un poste de contrôle situé à une altitude de 4500 mètres où une équipe médicale devait obligatoirement mesurer notre niveau de saturation en oxygène : en deçà d'un certain seuil, il était interdit de poursuivre la course.

« Dans la course d'endurance, l'équipe au complet doit parvenir au point d'arrivée pour ne pas être disqualifiée, mais compte tenu des conditions extrêmes auxquelles nous devions faire face, les directeurs de la course avaient accepté qu'un seul équipier parcoure les 6000 mètres jusqu'au sommet ; les équipiers qui s'arrêtaient à 4500 ou à 5500 mètres étaient pénalisés. Nous faisions des calculs byzantins pour déterminer le nombre de points que nous ferait perdre l'état de santé de nos coéquipiers.

« À 4500 mètres, mon indice de toxicité à l'oxygène était de 71, un chiffre qui normalement vous conduit droit à l'hôpital. Je savais que j'avais des problèmes, car j'éprouvais une grande difficulté à respirer. J'ai néanmoins grimpé jusqu'à 5500 mètres. Là, je me suis laissée tomber à genoux par terre et j'ai pleuré. Mes lèvres étaient bleues, mais j'avais réussi ; je pouvais redescendre et me reposer.

« Comme je rassemblais mes affaires pour redescendre, j'ai vu que mes coéquipiers me regardaient. "Qui va continuer à grimper ?" leur ai-je demandé. "Toi", firent-ils. "Quoi ?" J'ai alors constaté que l'état d'un des hommes de l'équipe était encore plus pitoyable que le mien. Il me fallait prendre une décision tout de suite : laisser tomber mon équipe et risquer ainsi de perdre notre position de tête ou poursuivre l'ascension et mettre ma vie en péril. Compte tenu de mon piètre état physique, il aurait été facile pour moi de renoncer et j'aurais été en droit de craindre les pires scénarios possibles.

« Au lieu de cela, je me suis redressée et j'ai conclu que je me devais de ne pas abandonner mon équipe. C'était un moment très dramatique. Mais je suis une personne pratique et je savais que j'avais besoin par-dessus tout de motivation et de soutien moral. J'ai donc demandé à l'équipe française de film — qui filmait la course du début à la fin — de nous accompagner. Ces Français étaient tous des alpinistes chevronnés ; je me suis donc dit que cela nous rassurerait de savoir que quelqu'un veillait sur nous. Ils ont accepté. Ainsi donc, nous avons poursuivi notre ascension.

« Les trois heures qui ont suivi ont été les plus lentes et les plus douloureuses de ma vie. Il nous fallait littéralement cinq minutes pour faire trois foulées. Je ne me souviens pratiquement plus de cette épreuve tant mon corps était en état de choc. Mais je me souviens que les Français nous ont dépassés. Ces alpinistes semblaient en forme. Nous n'étions pas des alpinistes, mais nous étions dotés d'un sens aigu de la compétition, si bien que nous avons redoublé d'efforts.

« Juste avant de parvenir au sommet, nous avons traversé la couche de nuages. Nous avons atteint la cime sous un ciel clair. Quel moment ! La course s'est poursuivie à un rythme effarant. Encore quatre jours d'épreuves physiques et mentales sans pitié. Parce que nous avons su persévérer, nous avons remporté la victoire avec deux heures d'avance sur nos adversaires. C'était la première fois qu'une équipe américaine était victorieuse au Raid. Nous avions décidé de gagner, nous n'avons jamais perdu de vue cet objectif et nous n'avons jamais flanché.

« Ce que j'aime le plus de la course d'endurance est qu'il s'agit d'un microcosme de la vie. En dix jours ou moins vous devez survivre, conserver votre énergie et votre concentration, travailler en équipe, réussir, développer des stratégies et, surtout, faire des choix successifs. Vous vivez des "instants décisifs" en série, et vous devez les affronter un à un si vous voulez réussir. »

L'anecdote relatée par Robyn représente sans doute l'«instant décisif» le plus spectaculaire de tous ceux racontés par les intervenants interviewés dans le cadre de ce livre. Chacune de ces histoires est unique, mais toutes ont un point commun : on se trouve sans cesse à une croisée des chemins, face à une décision à prendre. Ce n'est pas l'exception mais la règle. L'ambitionniste se distingue par sa manière de faire face à cette situation.

Les décisions courageuses

Il n'y a rien à faire : le parcours de l'ambition est pavé de défis quotidiens tout à fait fascinants. Le secret consiste à mettre au point un processus qui nous aide à nous concentrer sur nos responsabilités immédiates tout en tenant compte de nos objectifs à long terme. Mais il y a un hic : les ambitionnistes doivent *décider* d'entrer dans cette arène.

> **On se trouve sans cesse à une croisée des chemins, face à une décision à prendre. Ce n'est pas l'exception mais la règle.**

Les éternels rêveurs — songez aux étudiants à perpétuité qui fuient le marché du travail — s'immobilisent à l'étape de la révélation en s'intéressant vaguement aux scénarios d'avenir qui se déroulent dans leur tête. Mais les individus qui parviennent à mettre au point un processus décisionnel vraiment efficace et à concentrer leur attention sur leur prochaine stratégie franchiront le cap de l'ambitionnisme. Ce n'est pas plus compliqué que cela. Il vous faut décider par vous-même de vous joindre à ce groupe ; cela ne se fera pas tout seul.

La mise au point d'un processus décisionnel consiste à équilibrer entre elles les conséquences qu'entraînent nos décisions : quels compromis m'imposent l'atteinte de mes objectifs et leurs résultats ? Que m'apportera cette décision à court et à long terme ? En prenant conscience de la dichotomie entre ces deux réalités et en recourant à des stratégies décisionnelles élémentaires, les ambitionnistes en viennent à tolérer fort bien l'existence de cet écart. Supposons, par exemple, que vous venez d'accepter un emploi qui vous permettra de vous hisser jusqu'à un poste cadre. Vous devez parcourir une plus grande distance qu'auparavant pour vous rendre au travail, ce qui affectera immanquablement votre vie familiale — à laquelle vous tenez beaucoup. Pour rendre cette situation tolérable, vous devez réorganiser votre emploi du temps afin que celui-ci vous permette d'atteindre vos objectifs en sacrifiant le moins possible ce qui vous importe. Ce n'est pas une tâche facile.

Si la focalisation s'accompagne forcément d'action, qu'est-ce qui nous empêche de prendre plus souvent des décisions qui demandent du courage ? Le fait de savoir que ces décisions exigent de grands efforts et la certitude intuitive de l'absence de raccourcis. Voici donc cinq stratégies qui vous aideront à réduire l'écart entre les conséquences inévitables et les résultats souhaités de vos décisions sur ce chemin de la sérénité où vous vous êtes engagé.

Identifiez votre seuil de tolérance. La moindre décision requiert des sacrifices. Afin d'identifier les décisions qui se traduiront par des résultats positifs supérieurs et le moins possible de conséquences négatives, les ambitionnistes s'assurent de connaître leur seuil de tolérance à la souffrance. C'est seulement ainsi qu'ils peuvent mettre au point un processus décisionnel efficace.

Inspirez-vous des courtiers en valeurs pour prendre vos décisions. Pour être en mesure de prendre les bonnes décisions encore et encore, il importe de mettre au point un processus qui minimise l'apport émotionnel ; autrement dit, il vous faut analyser l'information reçue et éviter que l'ennui ou la vanité vous dictent vos décisions.

Sachez tenir compte du choix du moment. Le choix du moment est une pièce inconnue du casse-tête et il échappe à notre contrôle. Les ambitionnistes s'efforcent de faire en sorte que le choix du moment joue en leur faveur ; cela signifie profiter de ce qui se présente quand l'entourage est persuadé qu'agir est prématuré ou se montrer assez patient pour traverser plusieurs cycles d'essais et d'erreurs avant de constater un résultat final. Quoi qu'il en soit, les ambitionnistes choisissent une vitesse de croisière qui ne les poussera pas trop tôt au sommet.

Fiez-vous à votre intuition. Prendre une décision spontanée est souvent très difficile, car les résultats d'une telle décision ne sont pas immédiatement identifiables ou perceptibles. Préférant ne pas attendre que se présente une occasion parfaite, les ambitionnistes adaptent la situation présente à leurs besoins particuliers.

Soyez un opportuniste optimiste. Voilà bien le meilleur moyen pour vous de réduire l'écart entre vos objectifs et les conséquences négatives de vos décisions. Mais comment faire ? Là où les autres ne perçoivent que des obstacles, voyez une porte à ouvrir. Concentrez-vous sur les occasions favorables qui s'offrent à vous et ne perdez pas de vue le but à atteindre en dépit de conséquences immédiates apparemment insurmontables. Penchons-nous plus en détail sur ces cinq stratégies.

Identifiez votre seuil de tolérance

Il m'a été donné, ces dernières années, de rencontrer et de conseiller un certain nombre de préposés à la vente dans différentes industries. Puisque j'ai moi-même des antécédents dans la vente et la mise en marché, j'ai pu constater que, d'une industrie à l'autre, nous avions tous connu une expérience similaire dans la vente d'un nouveau produit ou d'un nouveau service, c'est-à-dire « vendre au seuil de tolérance du client ». Cette notion est très utile au moment d'aborder l'étape de la focalisation. Voici de quoi il s'agit.

Supposons que vous vendiez un nouveau type de produit au secteur manufacturier. Comme toujours, vous devez vous efforcer de minimiser le cycle de vente et de maximiser le potentiel de répétition des ventes. Pour ce faire, les vendeurs efficaces tentent d'identifier la façon dont leur produit, en résolvant un problème spécifique du client, entraînera une vente aussi rapide que possible. Dans ce contexte, le « seuil de tolérance » est atteint lorsqu'un cadre supérieur d'une grande société vous répète pour la vingtième fois qu'il risque le congédiement si vous ne lui proposez pas une solution viable au fait que son service gaspille l'argent de l'entreprise faute d'acheter votre produit ou quelque chose d'approchant. En d'autres termes, le client est disposé à prendre une décision risquée (acheter votre produit) pour mettre fin à son incertitude présente. Les vendeurs qui prennent le temps d'identifier le seuil de tolérance d'un marché et ensuite d'une entreprise sont en mesure de tirer parti des occasions de vente les plus lucratives.

Ce concept s'applique tout autant au cas de l'ambitionniste qui s'efforce d'identifier le point de départ de ses décisions personnelles. Dans ce cas-ci, l'interrogation est la suivante : quels sacrifices suis-je disposé à faire pour être en mesure de persévérer dans la poursuite de mes objectifs ? Votre réponse à cette question définit votre seuil de tolérance ; elle plante également le décor des moments décisifs auxquels vous ferez face et des décisions que vous devrez faire.

Le plus bel exemple de cela m'a été donné à l'occasion d'un entretien que j'ai eu avec le metteur en scène de théâtre et d'opéra de réputation mondiale, le Canadien Robert Carsen. D'entrée de jeu, il m'a dit : « De toute ma vie, je n'ai fait qu'une chose qui exigeait du courage ; bien entendu, cela a complètement changé ma vie. »

Vous imaginez bien qu'il a tout de suite capté mon attention. Je l'ai écouté poursuivre.

« Depuis mes études secondaires, je savais que je voulais faire du théâtre. Un peu par hasard, j'étudiais les humanités à l'Université York et, après avoir raté mes auditions d'entrée à Juilliard, j'ignorais que faire pour « pénétrer » le monde du théâtre. Au cours de ma deuxième année d'université, alors que, dans une immense salle d'examen, j'essayais de formuler une réponse intelligente à une question ésotérique — je crois qu'il s'agissait de l'examen de fin d'année en poésie de l'époque romantique —, j'ai constaté que cette réponse me laissait tout à fait indifférent. Comme dans un rêve, je me suis vu me lever, marcher jusqu'à l'avant de la salle et jeter ma copie dans la corbeille à papier. Je suis sorti de la salle, je suis monté dans ma voiture et je suis rentré chez moi.

« Ma mère m'a dit : "Qu'est-ce que tu fais ici ?" et j'ai répondu "Demain, je pars pour Londres et je vais passer l'audition d'entrée d'une école de théâtre." À cet instant précis, j'ai su que je n'arriverais jamais à rien si je restais où j'étais. J'ai acheté mon billet d'avion et je suis parti le lendemain.

« À mon arrivée, passé l'enthousiasme du premier jour, j'ai vite pris conscience du fait que je ne connaissais pas âme qui vive à Londres. Pis encore, la période des auditions d'entrée était terminée. Le dossier était clos.

« Mais les actes de courage ont le don de vous transformer subtilement. Une fois sorti de la salle d'examen (j'en ai des papillons dans l'estomac rien que d'y penser), rien au monde, surtout pas un contretemps aussi banal, n'allait m'empêcher d'atteindre le but que je m'étais fixé. Je suis allé dans un pub voisin d'une des plus importantes écoles de théâtre de Londres et, au bout d'un certain temps, j'ai pu y faire la connaissance d'un des profs. Il m'a écouté, puis il a dit : "C'est complètement dingue... Écoutez, les auditions sont terminées, soit, mais on ne sait jamais. [...] Je vais vous en faire passer une et si vous avez du talent, je verrai ce que je peux faire."

« Au bout du compte, j'ai étudié à trois endroits — la Central School of Speech and Drama, la Bristol Old Vic Theatre School et la LAMDA (London Academy of Music and Dramatic Art). Qui l'eût cru ? »

Profitant d'un bref silence, je jetai un coup d'œil à l'imposant CV de mon interlocuteur : huit productions pour l'Opéra de Paris, d'autres pour l'Opéra de Vienne, la Scala de Milan, le Festival de Salzbourg, le Festival d'Aix-en-Provence, le Metropolitan Opera et le théâtre Liceu, à Barcelone. De toute évidence, cet homme était un ambitionniste chevronné.

« Tout a commencé par une décision qui demandait du courage et la certitude intuitive que, si je restais dans mon patelin, je n'atteindrais pas mon objectif. C'est bizarre, vous ne trouvez pas ? »

Robert a identifié son seuil de tolérance de façon tout à fait subite. D'autres y parviennent beaucoup plus lentement. Quel que soit votre cas, recherchez votre seuil de tolérance et prenez conscience du moment où le besoin de progresser devient beaucoup plus important que les avantages du *statu quo*. Ou encore, comme un préposé à la vente s'efforce de découvrir quand et comment un produit ou un service répondra à un besoin du marché ou d'une entreprise, sachez quels sacrifices vous pourrez faire à court terme dans le but d'atteindre vos objectifs à long terme. Une fois cette importante balise en place, vous pourrez mettre au point un processus décisionnel efficace.

Inspirez-vous des courtiers en valeurs pour prendre vos décisions
Savoir prendre de bonnes décisions est un art. Il faut beaucoup d'expérience pour développer un système qui permette de faire des choix judicieux en toutes circonstances. Après avoir interviewé Simon Franks, chef de la direction de Redbus, j'ai compris que ce système se limite à trois éléments essentiels.

Lorsque Simon choisit de mettre fin à sa carrière de courtier en valeurs dans une importante société de placements londonienne pour fonder sa propre agence de distribution de films, il mit son expérience et ses dons pour les affaires au service d'une entreprise basée sur une approche totalement différente de celle à laquelle il était habitué.

Savoir prendre de bonnes décisions est un art. Il faut beaucoup d'expérience pour développer un système qui permette de faire des choix judicieux en toutes circonstances.

« J'ai toujours su qu'un jour j'aurais ma propre entreprise. Même lorsque j'étais enfant, je vendais de la gomme à mâcher et de la soupe à mes camarades de classe et je me débrouillais pour réaliser un petit profit. Mais quand je suis sorti de l'université avec mon diplôme, je savais qu'il me faudrait amasser moi-même un capital de démarrage. J'ai donc opté pour le courtage en valeurs, car c'est le moyen le plus rapide de s'enrichir. À vingt-six ans, j'avais payé ma maison et économisé environ trois mille livres sterling. Comme je n'avais aucune personne à charge, pourquoi ne pas tout risquer ? Il me suffisait de savoir ce que je désirais faire. Je ne connaissais qu'un domaine, celui de la banque. Mais puisque cela ne m'intéressait pas, j'ai opté pour ce qui me passionnait vraiment : le cinéma.

« Pour savoir ce qu'est la distribution de films, j'ai rencontré un très grand nombre de distributeurs de films aux États-Unis ; leur professionnalisme et leur approche du métier m'ont beaucoup impressionné. De retour en Europe, j'ai constaté qu'il y avait un marché pour la distribution de films sur une grande échelle. Je me suis dit que si je parvenais à faire preuve de la même discipline et de la même rigueur dans ce domaine que dans celui de la Bourse, j'aurais une bonne longueur d'avance sur mes concurrents.

« J'ai eu raison de penser cela. Lorsque j'ai lancé la compagnie en 1998, nous étions quatre employés et nous travaillions de chez moi. Aujourd'hui, nous faisons partie des vingt entreprises les plus dynamiques du Royaume-Uni. »

Quand j'ai demandé à Simon de décrire cette approche de courtier telle qu'il l'applique à son entreprise de distribution de films, il a énuméré les trois règles ci-après :

Ne laissez pas vos émotions guider vos transactions

Dans l'industrie du cinéma, le distributeur laisse souvent ses émotions lui dicter l'acquisition des droits d'un film. Il se passionne tant pour ce film qu'il éprouve de la difficulté à y renoncer même lorsqu'il est évident pour tout le monde que le jeu n'en vaut pas la chandelle. Mais Simon sait y faire. « Si un film n'a pas vraiment de succès, je ne jette pas mon argent par les fenêtres. Je limite mes pertes au plus tôt. En tant qu'ancien courtier, je sais qu'on se trompe souvent ; cela fait partie du métier. Quand vous appliquez cette philosophie à un secteur qui n'en a pas l'habitude, vous êtes gagnant. Mais pour mettre cette règle en pratique, vous devez accepter de mettre fin à une transaction en tout temps, quels que soient vos engagements préalables. »

Calculez votre potentiel de profit

Oui, il y a une part d'intuition, un pressentiment qui accompagne chaque transaction. Mais cela ne doit pas remplacer une étude objective du potentiel de succès. Si vous recourez à des techniques raffinées pour analyser la situation et que vous prenez froidement votre décision en vous fondant sur cette analyse, vous aurez vu juste neuf fois sur dix. Un des succès récents de Simon, le film *Joue-la comme Beckham*, est un exemple concret de ce que j'avance. « Notre budget de publicité en Grande-Bretagne était plus élevé que le budget total des droits du film. On nous a dit que nous étions complètement dingues. Mais grâce à notre analyse des données et à notre calcul soigné du potentiel de profit, nous savions que la dépense en valait sans doute la peine. Nous avons eu raison. Par ailleurs, il y a des tas de films dont nous avons acquis les droits de distribution et qui se sont vite révélé être des erreurs. Nous avons tout annulé sans même un regard en arrière. »

Les courtiers font face à beaucoup de temps morts quand les marchés boursiers ne bougent pas. La tentation est grande alors de spéculer pour passer le temps. Mais, dit Simon, c'est précisément à ce moment que vous devriez sortir du bureau pour aller faire une promenade au parc. « Il faut faire preuve d'assez de discipline pour aller de l'avant, pour accepter les détours, pour ne pas transiger par ennui. » Dans le domaine du film, des tas de gens achètent les droits de distribution d'un film pour des raisons de prestige et non pas dans l'idée de réaliser des bénéfices. Ce n'est pas ainsi qu'on rentabilise une entreprise.

Sachez tenir compte du choix du moment

Faire des choix courageux et agir en conséquence au moment opportun n'est pas une garantie de succès. En fait, rien n'est assuré. Mais les ambitionnistes savent analyser leur situation présente et déterminer si le moment d'agir affectera leur décision en bien ou en mal. Voyons un exemple de cela, tiré du milieu extrêmement dynamique de la haute technologie.

Il n'y a pas si longtemps nous disions « Vous souvenez-vous de l'époque où nous n'avions pas encore de télécopieurs ? » et nous en étions abasourdis. Aujourd'hui, nous nous demandons comment diable nous pourrions fonctionner sans BlackBerry et sans Palm Pilot. Ces appareils nous permettent de communiquer en temps réel avec tous, tant au sein de notre entreprise qu'à l'extérieur, que ce soit par le biais du courrier électronique, de la programmation interne ou du traitement des messages. Mais le marché de la haute technologie ne s'attendait pas au succès phénoménal de ces assistants numériques. En fait, lorsque les créateurs du BlackBerry ont fait leur entrée sur le marché, le moment s'est révélé opportun contre toute attente.

Jim Balsillie est président et codirecteur général d'une formidable entreprise canadienne de conception de logiciels,

Research In Motion. « Dans notre secteur, dit-il, nous avons toujours nagé à contre-courant. En technologie, les nouveautés sont vite déclassées. Par exemple, quand nous avons fait notre entrée sur le marché, nous misions sur les services sans fil de transmission des données et non pas sur la radiomessagerie. À l'époque, soit en 1997, la transmission sans fil n'était guère populaire. La vogue était à la radiomessagerie. Avec le recul, cela ne surprend pas, car la radio-messagerie était beaucoup plus rentable que le téléphone cellulaire.

« On nous poussait à développer des concepts de radiomessage-rie. Mais nous avons toujours jugé valables les techniques d'analyse évoluées et notre aptitude à respecter notre propre jugement lors de la prise de décisions importantes. Nous avons donc examiné les chiffres, procédé à des expériences de génie physique, et nous avons persisté à dire que, compte tenu de nos analyses, le débit binaire, la fréquence et le temps d'attente de la radiomessagerie n'avaient pas d'avenir. Au bout du compte, nous avons choisi de consacrer nos efforts à la technologie de la transmission sans fil, même si l'on disait de nous que nous étions tombés sur la tête. Le plus drôle est que, même si notre produit est en fait un appareil cellulaire de trans-mission de données sans fil, nous continuons à ce jour de le dési-gner sous le nom de "téléavertisseur bilatéral". Je suppose que c'était notre façon à nous d'apaiser le marché tout en faisant à notre tête. »

Jim note toutefois que, tout au long de ce processus décision-nel, son équipe a écouté attentivement les commentaires des tech-nologues. « Nous n'avons jamais rejeté avec arrogance ou avec condescendance les conseils que nous recevions, et nos émotions étaient sous contrôle. Nous disions poliment "non merci" et nous persistions dans notre vision du marché et du moment où ce marché se manifesterait. Nous avons eu raison. Depuis le lance-ment de notre premier produit, on a tenté de nous pousser dans toutes sortes de directions. Mais toujours croire à notre propre ana-lyse du moment opportun et à nos propres perspectives d'avenir, voilà ce qui fait notre force. »

> Depuis le lancement de notre premier produit, on a tenté de nous pousser dans toutes sortes de directions. Mais toujours croire à notre propre analyse du moment opportun et à nos propres perspectives d'avenir, voilà ce qui fait notre force.

Jim et son équipe ont découvert à quel point il importe de se fier à sa propre évaluation d'une situation, et Simon Franks s'est fondé sur ses analyses détaillées pour prendre des décisions rapides et fructueuses. RIM (Reasearch In Motion) jugeait essentiel de ne pas s'engager par habitude dans les sentiers battus. Mieux, l'entreprise a compris que parfois le moment est opportun et que parfois c'est à nous de le rendre tel. Quand il s'agit de faire ses devoirs, il n'y a pas de raccourcis ni de solutions toutes faites avec succès à la clé. Mais si vous déterminez par avance comment composer avec la notion de moment opportun, vous mettez en place un système apte à vous donner la cote.

L'art de choisir le bon moment suppose aussi que l'on sait quand se montrer patient et attendre. J'ai entendu parler d'un jeune homme, chef de direction d'une moyenne entreprise de ressources humaines ayant une croissance phénoménale. Après les attentats du 11 septembre 2001, les projets d'expansion de sa firme en Europe sont tombés à l'eau ; il a dû lui trouver un acheteur. Comme il a su se rallier les bons membres du conseil de direction, il a pu vendre son entreprise à une grande société réputée. En dépit des conditions précaires du marché à l'époque, il a fait une excellente affaire.

Mais ce chef de direction qui avait toujours mené sa barque était maintenant cadre supérieur dans une société beaucoup plus importante. Les dédales frustrants de la bureaucratie et l'impossibilité pour lui de prendre des décisions finales l'agaçaient de plus en plus. Il ressentait l'envie de fuir, mais son expérience lui disait de rester. Il n'ignorait pas que de tels accès de passion ne durent pas et que si l'on persévère, on acquiert le plus souvent une tout autre vision des choses.

Pendant deux ans environ, il est resté en retrait, s'occupant plutôt à observer le fonctionnement interne de l'entreprise et à identifier ses points faibles. Au bout de ce temps, son service était devenu très rentable et lui-même avait acquis la réputation d'être un excellent coéquipier, capable de tenir le coup. Animé par un but précis et une ambition nouvelle, il se sentit prêt à réintégrer la partie.

Il commença par formuler quelques suggestions de gestion et à influencer les décideurs. Son salaire et ses avantages étaient maintenant beaucoup plus importants que lorsqu'il dirigeait sa propre entreprise ; il commençait à voir ce que le fait de travailler pour quelqu'un d'autre avait de plaisant. Nul ne sait combien de temps ses employeurs apprécieront son scénario. Ce qui compte, c'est que cette expérience lui a appris combien il importe d'être patient et d'établir des priorités. Sa patience lui a permis d'observer son milieu de travail, puis de comprendre comment il parviendrait à être le plus efficace. En donnant la première place uniquement aux aspects de son travail qu'il avait le pouvoir de modeler, il a pu choisir de rester. Ainsi, le temps a joué en sa faveur.

L'art de choisir le moment opportun consiste aussi à savoir quand vous ménager une entrée ou une sortie spectaculaire. Vous souvenez-vous du capitaine de l'équipe de foot de votre école ? Toutes les filles voulaient faire sa conquête — c'était en quelque sorte un demi-dieu. Dix ans plus tard, ce demi-dieu n'a pas accompli grand-chose. Et qu'en est-il de la reine du bal des finissants, toujours prisonnière de son passé de belle adolescente ? Ces individus ont tout simplement atteint leur sommet trop tôt. L'expérience de l'athlète d'endurance Robyn Benincasa à l'Echo Challenge 2002 à Fidji est exemplaire de l'importance de la lenteur.

« Nous étions une des équipes de tête, mais un de nos coéquipiers, Mike, a attrapé une lambliase, c'est-à-dire une inflammation intestinale due au parasite Giardia, qui provoque des délires et une faiblesse si intense que la personne atteinte peut à peine bouger. Nous avons dû décider si nous poursuivions la course avec lui dans cet état ou si nous nous séparions de lui, ce qui entraînerait notre disqualification.

« Après un long débat, nous avons convenu de rester avec lui et de lui permettre de se reposer quelque temps avant de tenter de rattraper notre retard. Comme par magie, nous avons fait la connaissance de gens de la région qui se sont occupés de lui et l'ont guéri. En dépit de leur grande pauvreté apparente, ils nous ont donné toute la nourriture qu'ils avaient. À ce point, Mike délirait huit heures d'affilée, et nous devions le réveiller toutes les heures pour nous assurer qu'il vivait toujours. Chez le pharmacien, nous avons eu le choix entre des remèdes locaux ou rien du tout. Selon nous, nous avions perdu la course depuis belle lurette. La seule chose qui comptait était de ramener Mike à la santé. Par miracle, au bout de six heures il a bu et mangé, et deux heures après il s'est remis à parler avec cohérence. Encore quelques heures et il était debout, prêt à se relancer dans l'aventure.

« Nous occupions la dix-huitième place quand deux autres membres de notre équipe ont attrapé le même parasite, mais cette fois nous savions comment les soigner. En outre, nous étions tous si contents de faire encore partie de la course, que cette parasitose n'avait plus aucune importance. Au bout du compte, le fait de nous être arrêtés quand nous l'avons fait est ce qui nous a sauvés, car à la fin de la course, les organisateurs ont ajouté une épreuve supplémentaire de 24 heures. La plupart des autres équipes étaient vannées, ayant atteint trop tôt le sommet de leur performance. Ils ont abandonné la partie. Des quatre-vingt-deux équipes du début, il n'en restait plus que six. Ainsi, au cours de ces vingt-quatre heures de la fin, nous avons sauté de la dix-huitième à la cinquième place. »

Du point de vue ambitionniste, choisir la lenteur équivaut à renoncer à une gratification immédiate au profit d'un gain à long terme. Ce choix permet d'équilibrer les conséquences négatives et les résultats positifs de nos décisions non seulement au stade de la focalisation, mais tout au long des choix que nous devons faire plus avant au cours du cycle de l'ambition, soit à l'étape de l'appartenance, celle de la force d'impulsion et celle de l'équilibre.

Fiez-vous à votre intuition

Par définition, un choix suppose un compromis. Tout comme le moment ne joue pas toujours en notre faveur, tout comme il échappe souvent à notre contrôle, il faut savoir deviner si les occasions qui se présentent servent ou non nos objectifs. Ici, l'optique fait foi de tout. Voyons comment le fait de se fier à son intuition peut nous aider à voir nettement les moments décisifs qui se présentent à nous.

Quand nous nous sommes séparés de Robert Carsen tout à l'heure, il venait d'être accepté dans trois écoles d'art dramatique. Plus tard, il a mis en scène un opéra, mais il lui a fallu attendre neuf ans pour ce faire (nous avons bien dit qu'il fallait parfois se montrer patient!). Vous verrez ci-dessous comment sa chance a tourné, comment il a su, au moment propice, transformer l'occasion dont il avait besoin en une réalité bien méritée.

« L'Opéra de Genève, dirigé par Hugues Gall, est mondialement réputé. J'avais l'œil dessus depuis toujours. J'étais assistant metteur en scène quand j'ai connu Hugues et, comme beaucoup d'autres, je me suis enquis auprès de lui de la possibilité de mettre en scène un opéra à Genève. Il m'a répondu : "J'irai voir ce que vous faites. Mais je vous préviens : assurez-vous que c'est une production que vous voulez vraiment me montrer, car je n'irai qu'une fois." Quand je lui ai dit quel opéra je l'invitais à voir, il a dit : "Non. Je déteste cet opéra. Ne m'obligez pas à y assister. Je ne crois pas qu'il vous convienne." Mais j'étais enthousiasmé par le travail que nous avions fait et j'ai insisté.

« Il est venu, il a vu et… il a beaucoup aimé. Il m'a demandé quel opéra j'aimerais mettre en scène. J'avais décidé de lui suggérer un opéra que fort peu de metteurs en scène risquaient de lui proposer — *Mephistophélès*. Mon choix l'intrigua. Il avait une vedette en tête qui accepta de travailler avec moi. Ne restait plus qu'à trouver un concepteur visuel. Puisqu'il s'agissait d'une production extrêmement coûteuse, il me suggéra d'engager l'un ou l'autre de deux concepteurs très célèbres pour être sûr que tout irait bien. Tout à coup, j'ai compris que même si j'étais en face de la plus belle occasion de ma vie, cette occasion ne me serait d'aucune utilité si je ne la modelais pas du mieux possible à mes besoins. J'ai rencontré chacun des deux concepteurs et j'ai compris tout de suite que notre association serait une erreur. J'ai téléphoné à monsieur Gall : "Écoutez, Hugues, ai-je dit, vous m'offrez une chance inouïe. Si je travaille avec l'un de ces grands concepteurs visuels et que le spectacle est un succès, ce sera à cause de lui. Si c'est un échec, ce sera à cause de moi. Je préfère courir le risque d'engager un concepteur de mon choix." Je pense qu'il a compris l'importance de ce que je lui disais, car à ma grande surprise, il a accepté.

« Tout compte fait, le spectacle a fait un tabac. Nous avons ensuite travaillé ensemble à quelques reprises à l'Opéra de Paris et ce sont ces collaborations qui ont véritablement lancé ma carrière. Cette année, il monte son spectacle d'adieu. Il m'a demandé de le mettre en scène. La boucle est bouclée. »

Non seulement Robert a attendu que la bonne occasion se présente, mais il a réorganisé celle-ci pour atteindre ses objectifs à sa manière très personnelle. Dans le monde du spectacle, comme dans beaucoup d'industries, ce n'est pas seulement la renommée qui compte, mais aussi de savoir que vous avez consacré votre talent et vos efforts à la création d'une œuvre originale. En misant sur sa première grande mise en scène d'opéra, Robert haussait son seuil de tolérance. Mais il se fiait aussi à son intuition et savait qu'il devait vaincre ou échouer au mérite. Comme tout véritable ambitionniste, Robert s'est laissé guider par son intuition et il a su agir au bon moment.

Soyez un opportuniste optimiste
Savoir profiter d'une occasion qui se présente consiste en partie à se concentrer sur les résultats les plus positifs possibles en dépit

des indices contraires. Nous avons vu comment Jim Balsillie et son équipe ont mis cette réalité en pratique chez RIM et nul n'ignore plus l'importance de la technologie du BlackBerry sur le marché actuel.

Lorsque Simon Franks s'est vu confronté à la plus importante décision de sa carrière, il a su lui aussi s'emparer de l'occasion qui se présentait pour en faire l'atout qu'il attendait depuis longtemps. «En 1999, nous étions encore une petite entreprise. Puis une occasion s'est présentée. Ou, plutôt, j'ai constaté que l'industrie se transformait radicalement et je me suis empressé d'en profiter. Universal avait acheté Polygram parce que les intérêts musicaux de cette société lui faisaient envie. Parce que l'industrie cinématographique ne l'intéressait plus, Universal a absorbé Polygram. À cette époque, Polygram était le premier distributeur de film du Royaume-Uni avec 10 p. 100 du marché et ils ont tout simplement décidé de cesser leurs activités. C'était du jamais vu. Et je ne cessais de me demander : pourquoi ont-ils fait ça ?

«Dans notre milieu, le bruit courait que le personnel de Polygram, qui avait surtout concentré ses activités sur les films de cinéastes indépendants, n'était guère intéressé à devenir une petite filiale de Universal. J'ai vu qu'il y avait là une occasion à ne pas rater, mais j'ignorais encore ce que je pourrais en faire. J'ai rencontré le directeur général de la branche britannique de la société, Chris Bailey, et je lui ai proposé de se joindre à nous. Ce n'était pas rien, compte tenu du fait que notre entreprise était pratiquement inconnue. Mais, à ma stupéfaction, il a accepté... en y mettant une condition : que l'accompagnent les dix-neuf membres du personnel de son groupe d'entreprise. Je n'ai pas sourcillé et j'ai dit : "Formidable, fantastique, pourquoi pas ?" Ensuite, je suis rentré chez moi et j'ai eu une crise de panique.

Les ambitionnistes sont des opportunistes confiants qui peuvent aller de l'avant parce qu'ils ont su mettre en place des stratégies décisionnelles qui les gardent en contact

avec l'ici-maintenant. Confrontés à une décision difficile, ils ne sous-estiment jamais le pouvoir de l'optimisme.

« À cette époque, la somme des salaires annuels de nos employés était supérieure à notre assise financière. J'ai fait des calculs : en mobilisant le moindre cent, je pouvais couvrir pendant un an les salaires du groupe. Je savais que je jouais le tout pour le tout : pour que l'entreprise prenne de l'expansion, il fallait que les bonnes personnes occupent les bons postes. J'ai plongé. Depuis ce jour, nous n'avons pas cessé de croître. »

Comme d'autres ambitionnistes, Simon a su plonger pour deux raisons : il avait prévu le meilleur des dénouements possibles et il était en mesure de faire face à un éventuel manque à gagner. En d'autres termes, les ambitionnistes sont des opportunistes confiants qui peuvent aller de l'avant parce qu'ils ont su mettre en place des stratégies décisionnelles qui les gardent en contact avec l'ici-maintenant. Confrontés à une décision difficile, ils ne sous-estiment jamais le pouvoir de l'optimisme.

Le mot de la fin

Savoir focaliser ne signifie pas qu'on se contente de prendre des décisions concises et de les assumer. Cela signifie aussi mettre au point un certain nombre de processus décisionnels et adopter une attitude qui nous secondera tout au long des cycles de concrétisation de notre ambition. Bref, il s'agit ici d'apprendre les secrets du métier et de s'en servir tout au long de notre cheminement vers la réussite.

Dans mes conversations avec une associée qui dirige l'un des établissements précollégiaux les plus prospères de la ville de New York, elle ne manque pas de rappeler à ma mémoire la différence entre réussite et formation. Certains jeunes apprennent afin d'accumuler les bonnes notes, mais ils ne retiennent rien. D'autres prennent dès le départ la décision d'accumuler un bagage de connaissances qui leur seront utiles après leurs examens. C'est là une caractéristique de l'ambitionniste. Il ne s'agit pas d'avoir des bonnes notes sans rien apprendre. Il ne s'agit pas de faire des choix spectaculaires mais dont les conséquences affectent sensiblement votre qualité de vie. Il s'agit plutôt de créer les assises d'un apprentissage continu.

Robert Carson, Jim Balsillie, Robyn Benincasa et Simon Franks — tous ces ambitionnistes ont pris la décision de mettre leurs processus décisionnels internes au service de leur apprentissage et de transposer dans le reste de leur vie ce qu'ils ont su en retirer. Savoir faire des choix courageux suppose que l'on se trompera sans doute et que ces erreurs entraîneront des choix encore plus pénibles. Mais toutes les personnes que j'ai interviewées s'entendent pour dire que se tromper de temps à autre est préférable à ne jamais prendre de décision. De même, les leçons que l'on retire de nos décisions sont aussi importantes que le résultat de ces décisions. Toute décision courageuse comporte un risque d'erreur. Et nos erreurs sont formatrices. Rien de plus simple.

TROISIÈME LOI

L'appartenance

On s'engage en s'assemblant, on va de l'avant en restant ensemble,
on réussit en travaillant de concert.
HENRY FORD

Dans une petite collectivité du Yukon, Sheila, une infirmière, se préparait à rentrer chez elle après avoir travaillé deux ans à l'hôpital de la région. Son séjour dans ce lieu idyllique avait été un défi stimulant, mais il lui avait aussi procuré un enrichissement auquel elle ne s'était pas du tout attendue. Une collectivité tout à fait étrangère l'avait accueillie à bras ouverts ; Sheila était certaine de lui avoir apporté quelque chose et elle sentait que ses efforts avaient été appréciés. Elle fit ses valises le cœur gros en se demandant comment formuler ses adieux à la fête qu'on lui offrait.

Rien ne l'avait préparée à ce qui eut lieu ce soir-là au centre communautaire de la petite ville. À la fin du repas, le chef du village prit la parole et dit d'une voix grave : « Sheila, depuis deux ans, tu as pris une grande place dans notre vie. Et voilà que tu t'en vas et que nous ignorons quand tu reviendras parmi nous. Comme le veut la tradition lorsqu'un des nôtres nous quitte, nous avons décidé de te confier le plus jeune membre de notre tribu — un nouveau-né. Ainsi, nous saurons que tu acceptes de faire partie de nous autant que nous faisons partie de toi, malgré le temps et la distance. »

Sheila n'était pas certaine d'avoir bien entendu, mais les discussions qui s'ensuivirent lui firent bien comprendre que, dans cette partie du monde, appartenir à la collectivité est non seulement d'une importance capitale, mais que cela contribue à assurer la survie de la tribu et des valeurs de ses membres. Au bout du compte, Sheila parvint à faire comprendre au chef que, touchée de l'honneur qui lui était ainsi échu, elle ne se sentait pas apte à assurer l'éducation de l'enfant d'une autre femme.

Le lendemain matin, en regardant le village une dernière fois par le hublot de l'avion, elle sut que jamais elle n'oublierait l'émotion qui l'avait secouée au moment de mettre en parallèle ce qu'elle était devenue pour ces gens et ce qu'eux représentaient pour elle. Elle avait beau s'en cacher, la décision de partir n'avait certes pas été facile. D'une part, elle comprenait et respectait le besoin d'appartenance de cette collectivité, son aspect définitif et l'engagement total qu'il supposait. Mais en même temps, un tel engagement la portait à se demander où était sa vraie place.

Créez vos groupes cadres

Quand j'ai entendu cette histoire, j'ai compris à quel point le besoin d'appartenance est inhérent à la nature humaine. Paradoxalement, c'est à la fois ce que nous recherchons le plus et ce que nous fuyons le plus. En tant que conférencière, je suis souvent invitée à m'adresser à des chefs d'entreprise et des cadres intermédiaires pour leur indiquer comment attirer et garder des employés talentueux, autrement dit, comment leur inspirer un sentiment d'appartenance qui va au-delà de leur chèque de paie. Quiconque a géré une entreprise est conscient du conflit entre le sentiment d'appartenance et le besoin d'indépendance qui déchire les jeunes employés. Ces individus s'efforcent d'identifier l'entreprise à laquelle ils croient, celle à laquelle ils auront envie de se dévouer tout en enrichissant leur propre capital d'expérience professionnelle. S'il est honnête avec lui-même, un employé voudra être associé avec fierté à une entreprise, à une vision, à un produit qui en valent la peine, mais il ne voudra pas que cette appartenance ait lieu au détriment de sa valeur personnelle. Tant du point de vue de l'employeur que de celui de l'employé, le sentiment d'appartenance doit découler d'une relation de réciprocité.

Si d'autres ne souhaitent pas s'associer à votre cause, à votre carrière et à vos idées, votre réussite sera fragile peu importe l'étendue de votre ambition.

De nos jours, que vous soyez cadre supérieur dans une grande société ou travailleur autonome bien décidé à préserver votre indépendance, la loi de l'appartenance est la même. Vous ne pouvez pas aller de l'avant seul ; vous devez inclure d'autres personnes dans votre quête de réussite. Si d'autres ne souhaitent pas s'associer à votre objectif, il ne vous sera pas facile de trouver l'élan nécessaire pour attirer de bons clients, rassembler des fournisseurs loyaux, susciter la curiosité des médias et engager des employés doués. Si vous ne jouissez pas de l'appui de vos pairs et de vos supérieurs, il vous sera difficile de planifier une carrière qui vous permettra de maximiser vos points forts et vos aptitudes tout en récoltant le revenu, le prestige et les honneurs qui rehausseront votre CV. Si d'autres ne souhaitent pas s'associer à votre cause, à votre carrière et à vos idées, votre réussite sera fragile peu importe l'étendue de votre ambition.

Dans mon premier livre intitulé *Bulldog : Spirit of the New Entrepreneur*, j'employais l'expression « esprit d'entreprise » pour désigner une attitude et un point de vue accessibles à tous, quel que soit leur travail et qu'ils soient ou non propriétaires de leur entreprise. De même, le terme « ambitionniste », tel que je l'emploie dans le contexte du sentiment d'appartenance, n'est pas réservé aux têtes dirigeantes ou aux chefs de grandes sociétés. Qu'est-ce que l'appartenance ? Ça peut être s'identifier à une marque de commerce en tant que consommateur, ou se rallier certaines personnes qui contribueront à transformer notre ambition première en réussite planifiée. Le sentiment d'appartenance peut vous être utile pour encourager d'autres personnes à vous suivre — soit en tant que chef d'une entreprise établie ou en tant que pionnier d'un domaine nouveau, ou comme individu exerçant une influence politique ou médiatique. Aucun jugement de valeur ne pèse sur ces différentes catégories d'appartenance, mais elles possèdent une communauté d'esprit qui identifie les ambitionnistes : elles savent unir le désir de l'individu à l'objet de son désir en devenir (idée, description de tâches, entreprise, produit).

Voici donc cinq stratégies maîtresses qui ont pour but d'insuffler à autrui un sentiment d'appartenance :

Élaborez un système de valeurs. Tout sentiment d'appartenance procède d'un système de valeurs. La plupart des gens souhaitent que les produits qu'ils achètent, les entreprises qui les emploient, les collectivités où ils vivent correspondent à leur système de valeurs. En intégrant vos valeurs aux messages que vous transmettez à vos coéquipiers et au monde extérieur, vous créez un sentiment d'appartenance significatif.

Choisissez votre équipe de secours. Il est très difficile de réussir sans s'appuyer sur une bonne équipe. La mise en place d'une équipe de secours efficace composée de guides, de déclencheurs et de leviers vous aidera à créer un sentiment d'appartenance tant au sein de votre organisation qu'à l'extérieur de celle-ci.

Rassemblez un groupe de partisans. La différence entre s'imaginer appartenir à un produit ou à une idée et le fait d'éprouver un réel sentiment d'appartenance, voilà ce qui distingue la réussite de l'échec. Stimulez la participation, soyez un vecteur de changement dans votre industrie, diffusez vos idées le plus possible, faites en sorte qu'on soit fier de vos réalisations — vous rassemblerez ainsi un groupe de partisans toujours plus nombreux et fidèles.

Choisissez votre style de leadership. Que vous dirigiez du personnel ou que vous soyez subalterne, il est important que vous choisissiez un style de leadership qui vous permette de développer au maximum votre aptitude à influencer autrui. Évaluez les forces et les faiblesses de quatre personnalités dirigeantes — le guerrier, le souverain, l'amant ou le magicien — et vous saurez ainsi parfaire une forme très personnelle de leadership.

Poussez votre équipe en avant. Si vous comprenez bien les cinq dysfonctions les plus courantes qui affectent les équipes, ainsi que les a identifiées Patrick Lencioni, et que vous savez développer les qualités de leadership qui sauront remédier à ces entraves potentielles à la réussite de votre groupe, vous inculquerez la confiance à celui-ci, vous limiterez les conflits, vous encouragerez l'engagement, le sens des responsabilités et l'attention aux détails et, ce faisant, vous inspirerez un fort sentiment d'appartenance aux membres de votre équipe. Examinons plus attentivement ces cinq stratégies.

Élaborez un système de valeurs

De nos jours, dans quelque domaine que ce soit, l'aptitude à créer une communauté de pensée est ce qui ouvre la voie au succès durable. On se fait depuis toujours une idée romantique de l'entrepreneur, du propriétaire unique, de l'agent libre qui s'est fait seul à la force du poignet, mais aujourd'hui, on tient davantage compte de l'importance des partenariats, de l'esprit d'équipe et de la mise en commun des efforts. Depuis une dizaine d'années, la croissance rapide de nombreuses entreprises de haute technologie a donné plus de poids à la notion d'appartenance. Quand le cours des actions montait en flèche, notre attachement à la marque et à la vitalité même de la nouvelle entreprise qui nous employait se confondait à notre sentiment d'identité. Dans une société comme la nôtre, relativement migratrice, l'entreprise qui nous emploie remplace la structure familiale traditionnelle : elle se substitue à notre milieu habituel et nous adoptons sa culture.

Pour nombre d'individus, le sentiment d'appartenance influence leurs choix en matière de consommation. Portez-vous des Nike ou des Adidas ? Êtes-vous fidèle à Starbucks ou à votre petit café de quartier ? Lisez-vous *Wallpaper* ou *Business Week* ? On voit pourquoi les gens se sentent attirés par cette forme d'appartenance puisqu'elle leur permet d'identifier les personnes qui partagent leurs idées.

Le documentaire fictif *Best in Show*, qui dépeint l'univers inhabituel des personnes qui participent à des expositions canines, a su très bien capter cette notion d'appartenance. Une scène montre un couple particulièrement tendu qui relate leur première rencontre. La femme dit : « Eh bien, nous fréquentions tous les deux des cafés Starbucks, et nous buvions tous les deux des doubles *latte*, et un jour où nous nous trouvions dans le même café, nous avons constaté que nous parcourions tous les deux le dernier catalogue L.L. Bean. Quand nous avons fait connaissance pour vrai, nous avons découvert que nous étions avocats tous les deux [...] » Et voilà. Marques communes et mariage de goûts, si superficiels soient-ils, peuvent être les points de départ d'un fort sentiment d'appartenance.

Mais au-delà du logo de vos chaussures ou de la marque de votre café préféré, il s'agit de partager le même système de valeurs. Au bout du compte, qu'est-ce qui est le plus important à vos yeux ? Dans leur ouvrage intitulé *Emotion Marketing : The Hallmark Way of Winning Customers for Life*, Scott Robinette et Claire Brand soulignent l'importance que Hallmark donne au développement d'une image de marque fondée sur les émotions pour composer avec les plaintes de la clientèle. Autrefois, chez Hallmark, les clients ayant une plainte à formuler étaient dirigés vers un représentant des ventes. Après avoir pris note de la plainte, ce représentant offrait aux clients un chèque-cadeau de Hallmark.

L'approche semble honnête, mais Hallmark découvrit que cette méthode n'entraînait pas de fidélisation de la clientèle. La compagnie véhiculait en réalité le message suivant : l'argent guérit tout et la loyauté s'achète. Hallmark changea de tactique et s'efforça de développer plutôt une image de marque fondée sur les émotions. Maintenant, c'est un préposé principal au service à la clientèle qui écoute les plaintes formulées par les clients et qui leur pose des questions précises sur la nature du problème. Ensuite, il leur exprime ses regrets par lettre. Ni remboursement, ni chèque-cadeau. Curieusement, cette approche se traduit par une fidélisation beaucoup plus importante que l'envoi de chèques-cadeaux. À vrai dire, les gens recherchent une valorisation et ils souhaitent être fidèles à une marque qui reflète un système de valeurs élevées.

L'anecdote qui ouvre le présent chapitre a tout à voir avec le système de valeurs de chacun. Le chef d'une petite collectivité éloignée offrit un bébé à Sheila en guise de témoignage ultime de l'estime qu'elle inspirait à la tribu. La réaction de Sheila à cette offre allait sans nul doute témoigner de son attachement à cette petite communauté. Dans une société où les groupes sont éloignés les uns des autres par des kilomètres, voire des centaines de kilomètres de pays rude, il importe, pour perpétuer le sentiment d'appartenance et un système de valeurs communes, d'assurer en commun l'éducation des générations montantes. Quand on me relata cette histoire, j'ai bien compris que Sheila avait presque souhaité *ne pas avoir le choix* d'accepter cet enfant, car une telle obligation aurait résumé son image de soi et son sentiment d'identité. Mais comme c'est le cas pour la plupart des gens qui vivent au sein d'une collectivité importante, ce choix lui appartenait. Lorsque nous sommes confrontés à un choix, nous devons réexaminer sans cesse nos valeurs et prendre du recul par rapport à ces gens à qui nous « appartenons » avant de nous engager de façon significative.

Choisissez votre équipe de secours

Si la notion d'appartenance s'ouvre sur cette question : *qu'est-ce qui compte à mes yeux ?* il va de soi que la question suivante ne saurait être que : *qui* compte à mes yeux ? Dès que vous identifiez les personnes qui comptent pour vous, vous choisissez les membres de votre équipe de secours, le réseau qui vous sera indispensable tout au long des cycles ultérieurs de la réalisation de vos ambitions.

J'ai un jour eu la bonne fortune d'assister à « ideaCity », un congrès extraordinaire et éclectique organisé chaque année par un grand novateur dans le domaine des médias, Moses Znaimer, cofondateur des chaînes Citytv, MuchMusic et Fashion Television, entre autres. Ce congrès, qui fut lancé aux États-Unis par Richard Saul Wurman, rassemble des générateurs d'idées du monde entier et de tous les domaines imaginables. Lors de leurs interventions, ces individus fascinants et enrichissants donnent aux auditeurs venus les entendre non seulement la possibilité de comprendre un peu le fonctionnement de leur génie, mais aussi celle d'échanger avec eux. Lors d'une séance de travail, la notion d'équipe fut soulevée. L'un des intervenants affirma qu'il avait constitué son équipe en choisissant les personnes qu'il souhaiterait avoir avec lui dans un canot de sauvetage si un jour le navire à bord duquel il se trouvait venait à faire naufrage. Cette image me frappa.

C'est simple : pour imaginer qui vous souhaiteriez avoir dans votre équipe de secours, songez aux personnes vers qui vous iriez si vous aviez l'impression de faire naufrage. Il pourrait s'agir des personnes que vous consultez lors de la phase de la Révélation (Première loi), lorsque vous vous efforcez de prendre les décisions qui orienteront au mieux votre carrière (Deuxième loi), ou lorsque vous cherchez à identifier ceux de vos collègues qui vous soutiennent suffisamment pour susciter en vous un sentiment d'appartenance (Troisième loi).

Puisque les qualités et les aptitudes devant être évaluées sont si nombreuses lorsqu'il s'agit de choisir les membres d'une équipe de secours, les ambitionnistes subdivisent cette équipe en trois sous-groupes : les guides, les déclencheurs et les leviers. Pour mieux définir ces trois sous-groupes à la lumière de la notion d'appartenance, je ferai le portrait d'une éminente lobbyiste canadienne, Adèle Hurley.

En tant qu'homme ou femme d'affaires, vous aspirez à conclure des marchés lucratifs qui contribueront à votre réussite. La fidélisation de votre clientèle, la reconnaissance de vos pairs et l'intérêt des médias vous flattent, mais votre but ultime est la croissance de la valeur de votre entreprise. Les lobbyistes, quant à eux, se donnent pour but d'influencer les autres, d'obtenir de meilleures politiques gouvernementales, de se rallier l'opinion publique. Le pouvoir et l'influence sont leurs monnaies d'échange, leur objectif est de créer un monde meilleur qui corresponde à leur système de valeurs. Adèle Hurley exerce depuis plusieurs années la profession de lobbyiste. Elle a été, entre autres, la coprésidente canadienne de la Commission mixte internationale, établie en vertu du Traité des eaux limitrophes de 1909, et qui a pour mandat de conseiller le Canada et les États-Unis sur les questions relatives à l'utilisation et à la qualité des eaux limitrophes. Mais elle est sans doute mieux connue pour sa participation dans la mise sur pied de la Coalition canadienne contre les pluies acides. Au début de sa carrière d'agent politique, elle dut savoir s'entourer de guides, de déclencheurs et de leviers.

Après l'obtention d'un diplôme d'études environnementales, Adèle transféra sa passion pour l'environnement au domaine politique, d'abord en travaillant pour The Pollution Probe Foundation (Fondation pour la détection de la pollution), un organisme établi à Toronto, puis en tant que recherchiste affectée au portefeuille de l'environnement pour le chef de l'opposition à l'Assemblée législative de l'Ontario. Tandis qu'elle fouillait toutes sortes de dossiers — du niveau de BPC auquel sont exposées les femmes du bassin des Grands Lacs au problème des effluents industriels dans la région d'Hamilton — elle se mit à lire sur les pluies acides. Nous étions en 1979 et, bien que les Suédois aient publié des études sur la question, les pluies acides étaient encore fort méconnues en Amérique du Nord. De toute évidence, ce problème touchait autant les Canadiens que les Américains. C'était là un dossier rêvé pour une lobbyiste.

Après s'être adressée à la Federation of Canadian Naturalists (Fédération des naturalistes canadiens), Adèle fut choisie par ses pairs pour se rendre à Washington afin d'y représenter la Coalition canadienne contre les pluies acides. Elle n'avait en mains aucune piste, mais elle eut la présence d'esprit d'obéir à son instinct. L'administration Reagan venait tout juste d'assumer le pouvoir et il était clairement entendu que les pressions des groupes écologiques n'auraient pas la priorité. Comme point de départ, Adèle choisit d'axer son action sur les fabricants d'équipement de réduction des polluants, bref sur une filière commerciale plutôt que sur une filière strictement écologique. Grâce à son dynamisme et à sa ténacité, elle parvint, un dimanche après-midi, à rencontrer John Adams, le directeur de la firme de relations publiques qui travaillait pour ces fabricants.

« Je me trouvais là, à la porte de son bureau, par une journée torride où le thermomètre atteignait les 35 °C, et je lisais l'édition du dimanche du *Toronto Star* tout en me demandant ce que j'allais bien lui dire. Finalement, non seulement ce groupe occupait-il des locaux au cœur même du quartier des lobbyistes, à l'angle de Eighteenth Street et K Street, mais John Adams était britannique. Quand il aperçut la photo de la Reine Mère en première page du *Toronto Star* que j'étais en train de lire, il fondit et, quand il m'eut relaté son expérience dans l'armée anglaise, il devint mon conseiller. Il m'offrit un bureau, la possibilité de recourir à toutes les publications spécialisées de son secteur, de même que l'accès au téléscripteur de l'Associated Press, c'est-à-dire à une grande couverture médiatique.

Soudain, j'étais en affaires. Dès cet instant, j'ai été en mesure de mettre sur pied une organisation viable centrée sur les pluies acides et apte à franchir les frontières. »

C'est ainsi qu'Adèle a commencé à rassembler une équipe de secours qui a servi de levier à son travail de lobbyiste. Voyons un peu comment elle a organisé ses trois sous-groupes de coéquipiers.

LES GUIDES

« Dans cette profession, on ne saurait se passer de guides. Il faut s'entourer de gens qui ont plus d'expérience que nous et qui sont disposés à nous donner ce petit coup de pouce qui fait toute la différence entre avoir le vent en poupe ou simplement survivre tout juste assez longtemps pour passer un message. »

Les guides se font les défenseurs d'un individu ou d'une cause. Cela suppose un parti pris émotionnel, un engagement qui ne se dément pas tout au long des nombreux processus décisionnels qui surviennent. Vos guides sont les personnes qui vous procurent un soutien moral. Il peut s'agir d'amis, de collègues et, plus particulièrement, de membres de votre famille. Ce sont ces personnes auxquelles vous faites appel lorsque vous devez prendre des décisions ou développer une stratégie qui favorisera la réalisation de votre prochain objectif. Adèle a su s'entourer de guides tout au long de sa carrière — cela fait partie des tâches de tout démarcheur — et John Adams fut l'un des plus importants de ses conseillers. « Dans cette profession, on ne saurait se passer de guides. Il faut s'entourer de gens qui ont plus d'expérience que nous et qui sont disposés à nous donner ce petit coup de pouce qui fait toute la différence entre avoir le vent en poupe ou simplement survivre tout juste assez longtemps pour passer un message. » Adams lui donna précisément ce genre de coup de pouce et, une fois qu'Adèle fut sur sa lancée, il devint pour elle un interlocuteur important qui lui faisait entendre un autre son de cloche tout en n'intervenant pas dans ses décisions. Quand Adèle embrassa les autres causes de sa carrière, elle sut s'appuyer encore et encore sur des guides tels John Adams.

LES DÉCLENCHEURS

Les déclencheurs évoluent dans des sphères d'influence qui touchent directement vos objectifs professionnels ou personnels. Ils peuvent avoir des effets sur vos relations, vous aider à commercialiser votre produit, vos talents ou vos idées, et participer à l'affinement de l'image d'entreprise ou de l'image professionnelle que vous projetez. Il était indispensable à la survie d'Adèle à Washington qu'elle se rallie l'opinion publique canadienne dans le dossier des pluies acides. Soutenir financièrement une personne à temps plein à Washington est extrêmement coûteux et, en dépit de tous les efforts de la Coalition contre les pluies acides pour rassembler des fonds, l'organisme avait du mal à survivre. Cette situation se transforma du tout au tout quand Adèle eut la chance d'être interviewée par Adrienne Clarkson, alors journaliste à la CBC, le réseau anglais de la Société Radio-Canada. Clarkson lui posa un tas de questions et Adèle ne lui cacha rien des difficultés auxquelles elle était confrontée. Elle ignorait encore que, dès son retour au Canada, Clarkson se ferait la porte-parole de la Coalition, secondant ainsi le groupe dans ses efforts de financement. C'est ce qu'on appelle un déclencheur.

LES LEVIERS

Les personnes les plus proches de vos sources de revenu sont celles qui peuvent vous aider à commercialiser et à rentabiliser vos aptitudes, les services que vous offrez ou vos produits. Le personnel de vente en fait partie, ou encore l'agent littéraire, l'agent artistique, le gérant d'athlète ou le fournisseur avec lequel vous transigez depuis longtemps. Les leviers sur lesquels Adèle s'est le plus appuyée à Washington ont été les membres du personnel des bureaux de l'État et les agents politiques. Comme elle le dit elle-même : « Il y a une règle très importante que se doivent de respecter les agents politiques, et c'est de se lier d'amitié avec les agents de dotation du Congrès, des individus dont le nom importe peu mais qui vous donnent accès aux personnes qui comptent. Je leur transmettais toujours à temps l'information dont ils avaient besoin et je faisais un suivi afin de m'assurer que tout était en règle. J'étais leur valet de pied, leur coursier. Au bout du compte, ce sont ces mêmes personnes qui m'ont fourni l'information dont j'ai eu besoin et qui sont devenues mes leviers dans mes démarches auprès des personnes influentes et des décideurs. »

*

Les ambitionnistes prennent le temps de bien évaluer et rééva-luer périodiquement leurs guides, leurs déclencheurs et leurs leviers pour s'assurer qu'ils répondent toujours à leurs besoins. Vous devez faire en sorte qu'une loyauté réciproque circule entre vous et les membres de votre équipe de secours — comme l'a fait Adèle dans ses communications ininterrompues avec le personnel de tous les secteurs qui lui étaient utiles — mais vous devez aussi n'avoir de cesse de vous demander si ces personnes entérinent votre défini-tion actuelle de l'ambition. Tout comme une entreprise a besoin d'espace pour mûrir et évoluer, ainsi en est-il des ambitionnistes et de leurs équipes de secours. Il peut arriver qu'un guide, un déclen-cheur ou un levier en vienne à freiner votre progrès ; il est alors temps de modifier la composition de votre équipe. Adèle affirme que : « Les gens disent toujours "Dis-moi qui tu lis, je te dirai qui tu es" ; mais il ne faut pas non plus oublier que "Qui se ressemble s'assemble." Il importe de toujours s'appuyer sur des guides authentiques qui reflètent nos certitudes du moment. »

Rassemblez un groupe de partisans

Quand vous aurez défini votre système de valeurs et constitué votre équipe de secours, vous devrez convaincre les autres de *vouloir* s'associer à ce que vous faites, ce que vous vendez ou ce que vous créez. C'est là une stratégie très importante. En guise d'exemple, tournons-nous vers le domaine de la stylique — ou, si l'on préfère, du design. Le design fait partie intégrante du mode de vie, des loisirs, de la mode et de la parure. Quel plus bel exemple d'appartenance y a-t-il que celui qui nous lie à ces créateurs d'espaces, de tissus et de vêtements auxquels nous désirons nous identifier ?

LA NOTION DE PARTICIPATION

L'appartenance prend sans doute sa source dans une interrogation : « Est-ce que je *veux* m'associer à cette marque de commerce, cette idée, etc. ? », mais dépend en fin de compte de votre décision de participer : « Je choisis de m'associer au groupe qui travaille à cette marque de commerce, à cette idée, etc. » Une telle volonté de participer est typique de l'approche qu'ont adoptée les célèbres créateurs de mode Dan et Dean Canten de D-Squared. Récipiendaire du Man of the Year Award pour *GQ* et de l'Oscar de la Mode en Italie, D-Squared est une marque de vêtements très convoitée à travers le monde, qui a su attirer des vedettes populaires telles que Madonna et Ricky Martin. Voyons comment ces deux ambitionnistes ont tracé le parcours de leur réussite actuelle.

Ces jumeaux identiques canadiens ont toujours éprouvé une grande fascination pour la mode, les chaussures et les accessoires. La création de mode était pour eux une profession rêvée, mais hors de portée, croyaient-ils. Quand ils eurent atteint l'âge de seize ans, Dan et Dean s'inscrivirent à l'école de mode Parsons School of Design et eurent ensuite la chance de trouver un grand manufacturier canadien qui crut en leur talent. Ils restèrent à l'emploi de cette compagnie à titre de dessinateurs pendant six ans, c'est-à-dire jusqu'à ce qu'elle change de mains et qu'ils jugent venu le moment de passer à autre chose. Les jumeaux avaient pu s'acheter une belle maison et tous les joujoux que permettait leur réussite financière précoce, mais ils aspiraient à mieux encore. Pour réaliser leur objectif, ils savaient devoir pénétrer le creuset de la mode internationale, c'est-à-dire l'Italie.

« On nous disait que nous étions fous de renoncer à ce que nous avions, fait Dean. Mais nous n'avions pas été élevés ainsi. Quand nous étions petits, notre père nous jetait à l'eau et nous avions le choix de nager ou de nous noyer. Nous avons appris tôt à nager et je suppose que, plus tard, nous avons envisagé notre carrière du même œil. »

Les choses n'ont pas été faciles pour Dan et Dean au début. Puisqu'ils n'avaient pas reçu leur formation dans une grande maison telle Prada, personne ne voulait les engager. Ils ont donc décidé d'investir leur argent personnel dans une collection de vêtements pour hommes. Mais quand, toujours en Italie, les organisateurs du salon professionnel où ils souhaitaient présenter leur collection virent leurs échantillons, ils en conclurent que ceux-ci ne convenaient pas. Les jumeaux avaient mis toutes leurs économies dans la fabrication de ces échantillons. Ils n'allaient pas se laisser abattre. En se démenant comme des diables, ils parvinrent à présenter leurs créations au Salon de la mode masculine, à Paris. À leur grande surprise, ce seul salon professionnel leur rapporta plus de 500 000 $. C'est ainsi qu'ils en vinrent à créer leur propre marque.

La clé du succès de Dan et Dean réside dans le fait que leurs créations ne s'appuient jamais sur une tendance ou sur une perception fantaisiste de ce que les clients veulent porter. Au contraire, ils puisent leur inspiration dans leurs propres désirs et besoins et ceux de leurs amis et collègues. Ainsi que le signale Dean : « Parce que nous aimons fréquenter les boîtes de nuit, nous avons créé une collection de chemises et de pantalons appropriés à ce milieu. Un soir, nous devions assister à la première d'un opéra, mais aucun des smokings offerts sur le marché ne nous intéressait ;

nous avons donc créé une collection de smokings qui fait maintenant partie de notre catalogue. Je suis d'avis que c'est cette authenticité et le fait de nous engager personnellement dans nos créations qui expliquent la popularité de nos vêtements. »

Dan et Dean ont la même approche lorsqu'ils traitent avec les mannequins qu'ils engagent pour leurs défilés de mode. « Dans cette industrie, les créateurs imposent aux mannequins les vêtements et la manière de les porter qui conviennent le mieux selon eux à l'esprit de la présentation. Nous ne procédons pas de cette manière. Nous invitons nos mannequins à choisir eux-mêmes les vêtements qu'ils préfèrent. S'ils sont un peu exhibitionnistes, pourquoi ne pas les laisser parader en maillot de bain ? S'ils préfèrent une tenue plus formelle, c'est très bien ainsi. Au bout du compte, ils sont à l'aise et heureux, nos collections sont vraiment mises en valeur, tout le monde s'amuse, et cela contribue à une meilleure diffusion de nos collections. »

Dans quelque domaine que ce soit, sachez identifier le point d'entrée qui favorisera la participation. Apprenez à connaître votre clientèle pour que le degré de participation et le niveau de choix auquel elle consentira correspondent à son besoin d'appartenance.

La notion de participation que décrivent Dan et Dean reflète le principe économique de l'intérêt personnel éclairé tel que préconisé par Adam Smith : « Ce n'est pas la bienveillance du boucher, du brasseur ou du boulanger qui nous assure notre repas, mais bien le fait qu'ils veillent à leurs propres intérêts. » Adèle Hurley s'est inspirée de cette notion de la participation pour échafauder toute sa carrière. La mort des poissons du bassin des Grands Lacs avait une énorme incidence sur le tourisme local. En façonnant sa lutte contre les pluies acides de manière à rapprocher celle-ci des intérêts immédiats de la population locale, Adèle fut en mesure d'obtenir des appuis financiers. Naturellement, les mercaticiens du monde entier n'ignorent pas la notion de participation. Le fabricant de nourriture pour chiens Iams, par exemple, sait en quoi consiste l'appartenance et il peut en tirer parti pour viser un segment précis du marché. Comment ? Dans ses rabais postaux, l'entreprise demande au consommateur de répondre à une question unique : « Offrez-vous un cadeau de Noël à votre chien ? » Dans l'affirmative, le client correspond en général au profil de marque de Iams, puisqu'il consacre du temps et de l'argent à son chien, et qu'il lui est attaché. Par conséquent, il est possible qu'il accepte de payer plus cher sa nourriture.

Dans quelque domaine que ce soit, sachez identifier le point d'entrée qui favorisera la participation. Apprenez à connaître votre clientèle pour que le degré de participation et le niveau de choix auquel elle consentira correspondent à son besoin d'appartenance. Dan et Dean n'expriment pas leur volonté à leurs mannequins de la même façon qu'ils font part de leur approche directe aux médias. Adèle adopte un style différent pour parler de questions écologiques avec les intervenants de l'industrie du voyage et du tourisme et pour communiquer avec le personnel des organismes gouvernementaux. En focalisant sur la notion de participation, vous vous démarquez des autres, car vous montrez clairement que vous n'avez pas peur de vous salir les mains pour promouvoir votre produit, les services que vous offrez ou votre carrière. Vous prêtez l'oreille aux autres et vous les accueillez lorsqu'ils choisissent de s'associer à votre création.

LES DÉCLENCHEURS ET LES VECTEURS DE CHANGEMENT

Les artistes et les designers remettent en question et enrichissent notre notion de la beauté grâce à leurs idées et leurs perspectives nouvelles sur le monde dans lequel nous vivons. En un sens, ils sont à la fois vecteurs de changement et artistes.

Karim Rashind est l'un d'eux. Né en Égypte et éduqué au Canada, il a étudié le dessin industriel à l'Université Carleton, à

Ottawa, avant de poursuivre des études supérieures à Naples. Il a enseigné à la University of Arts de Philadelphie, à la Rhode Island School of Design et au Pratt Institute de New York. Enfant, les objets de tous les jours le fascinaient — réveille-matin, verre, tasse, tondeuse à gazon — et il passait des heures à dessiner tout ce qui lui tombait sous la main. Dessiner était pour lui «un refuge au cœur du monde physique et synthétique»; cet acte découlait de «sa fascination pour les objets dont l'humanité se servait chaque jour.»

Que l'y ait poussé l'exposition *The New Domestic Landscape* qu'il vit au Musée d'Art Moderne de New York en 1971 ou encore l'aspirateur autoaspirant de Buckminster-Fuller qui fut présenté à l'Expo 67 de Montréal, Karim se sentit tout de suite attiré par le dessin industriel. Après plusieurs années à l'emploi d'une entreprise canadienne de dessin industriel et des années d'enseignement à la Rhode Island School of Design, Karim constata enfin qu'il ne voulait pas seulement dessiner des objets de tous les jours à la fois beaux et utiles, mais aussi transformer la vision que l'on peut avoir de ces objets de consommation.

«Je campais littéralement chez mon frère à New York et, de là, je sillonnais les États-Unis en train et en autobus pour entrer en contact avec des entreprises qui, selon moi, avaient besoin d'améliorer la conception de leurs produits. Mon but n'était pas seulement de leur dire comment améliorer l'apparence et la rentabilité de leurs produits; je voulais leur apprendre à voir en ceux-ci une partie d'un tout beaucoup plus vaste. Par exemple, si votre compagnie fabrique des bouilloires et ne s'intéresse qu'aux bouilloires, vous ne placez pas ces bouilloires dans le contexte où elles seront utilisées. Pourquoi une bouilloire ne servirait-elle qu'à faire bouillir de l'eau? Pourquoi ne s'intégrerait-elle pas au geste social qui consiste à inviter vos amis à prendre le thé? Pourquoi ne pas l'utiliser pour servir l'eau autant que pour la faire bouillir? Je désirais enseigner à mes clients à dessiner une vision, une tranche de futur, et leur apprendre comment, de simple manufacturiers, ils pouvaient devenir pourvoyeurs d'objets design destinés à un usage quotidien. »

La vision de Karim — appliquer le design à un usage quotidien — ne sut pas intéresser 99 p. 100 des entreprises qu'il approcha. Mais la centième, Nambé, fabriquait des objets design. « Il y avait un nouvel employé dans le secteur de la mercatique ; voyant que mon idée avait du potentiel, il me donna ma chance. La collection que nous avons lancée a eu beaucoup de succès. D'une certaine façon, c'est ce qui a fait naître mon entreprise de stylique. Depuis ce jour, j'ai conçu des espaces et des objets pour plus de cinq cents compagnies partout dans le monde. À chaque fois, j'ai l'impression d'être un stratège et un déclencheur qui travaille de concert avec tous les départements, de l'ingénierie au soutien technique en passant par la distribution, la mise en marché et l'expédition. J'ai ainsi accès à une connaissance étroite de l'entreprise et je suis alors en mesure d'aider celle-ci à transformer sa perception de l'avenir. »

Nous ne sommes pas tous appelés à concevoir aussi globalement l'avenir des entreprises qui nous emploient ou notre propre avenir professionnel, mais il demeure important de trouver la petite porte qui, en facilitant le changement, nous aide à rallier les autres à notre cause. Si vous travaillez dans l'administration d'une société, efforcez-vous de trouver des façons de lui économiser de l'argent qui favoriseront en même temps un climat de camaraderie ; si vous êtes assistant au département de la mercatique, offrez des suggestions qui non seulement aideront vos supérieurs à mieux gérer leur temps et leurs ressources, mais qui révéleront une approche inédite de la mise en marché, apte à motiver et à inspirer vos collègues. Le vecteur de changement, qu'il soit petit ou grand, se démarque des autres et donne ainsi de l'essor à son ambition. Songez au fabricant de bouilloires qui, non content de faire en sorte que l'eau puisse bouillir rapidement, comprend qu'il importe aussi de savoir comment les consommateurs du monde entier se serviront de sa bouilloire.

Il y a plusieurs façons d'être un déclencheur; il importe de trouver une manière d'agir qui se marie bien à votre personnalité. Une approche préférée des ambitionniste consiste à se concentrer sur la notion de «plaisir». c'est-à-dire sur le «facteur de bien-être» pour gentiment inciter les gens à délaisser leur routine et oser quelque chose de nouveau. Tricia Guild, le moteur de la compagnie britannique Designers Guild, est un très bon exemple de ce type de déclencheur.

Designers Guild est une entreprise mondialement reconnue pour la richesse de ses tissus d'ameublement, ses papiers peints, ses meubles capitonnés et ses collections de linge de lit et de bain. En plus de diriger une société internationale comptant plus de deux cents employés, Tricia a signé plusieurs best-sellers sur une diversité de thèmes, des arrangements floraux à la décoration intérieure, en passant par la maîtrise des coloris. Que j'aie pu m'entretenir avec elle pendant vingt minutes au téléphone tient du miracle.

«Ce qui me fascine, c'est de créer des intérieurs auxquels les gens ont le sentiment d'appartenir, si vous voulez. Je m'efforce donc constamment de tenir compte du facteur de bien-être — par mes livres, mon design, une nouvelle collection, etc. C'est ma façon à moi de m'associer à leur besoin d'appartenance et c'est ainsi que je puis les aider à se créer un milieu de vie qui reflète réellement leur personnalité.

«Le design d'intérieur comporte toujours un risque. Même le choix du blanc partout n'est pas forcément facile. Mon approche de la couleur et des textures permet aux gens de choisir ce qui les aide à se sentir bien dans leur peau; je crée pour eux un milieu de vie sans doute un peu plus audacieux que ce à quoi ils s'attendaient tout d'abord. Mais c'est dans cette audace que réside le sentiment de satisfaction et, au bout du compte, la créativité. Par mon travail, j'essaie de faire en sorte que mes clients s'identifient à des couleurs, à des textures et à des mélanges, pour en venir à développer un sentiment d'appartenance à ces éléments.»

Comme Karim, Tricia a toujours été attirée par le design, mais « elle voulait surtout désespérément créer de beaux tissus et tenir maison ». Là où Karim aide ses clients à voir comment leurs produits manufacturés s'intègrent à une vision plus vaste de la « stylique au quotidien », Tricia encourage ses clients à étendre leur définition de ce qu'est la créativité sans toutefois exiger d'eux qu'ils délaissent leur zone de confort. Tous deux sont des vecteurs de créativité, de changement et d'un sentiment nouveau d'appartenance.

L'ATTRAIT PLUS GRAND DE LA POLYVALENCE

Dans la composition de votre équipe de base, vous devez décider s'il est préférable pour vous de vous spécialiser ou de varier vos activités. Vous engagez-vous à devenir le meilleur rédacteur de discours qui soit, par exemple, ou cherchez-vous plutôt à mettre en valeur votre talent de rédacteur pour offrir vos services de mercaticien aux talents multiples, dont celui de rédiger des discours ? Soignez-vous votre réputation dans le domaine de la recherche biotechnique ou cherchez-vous à approfondir vos connaissances dans le domaine de l'innovation biotechnique pour mieux vous concentrer sur la prospection de clientèle pour une compagnie pharmaceutique ?

Mon expérience de plusieurs années m'a appris que la polyvalence a plus de succès pour susciter un désir d'appartenance, car les personnes polyvalentes acceptent de prendre toutes sortes de risques et accumulent des expériences qui leur permettent de développer leurs aptitudes dans plusieurs domaines. Par conséquent, ils sont capables de communiquer dans leur domaine tant avec des spécialistes qu'avec des individus aux intérêts variés et de consacrer leur temps et leur énergie à la mise en place d'un contexte apte à susciter le désir d'appartenance d'un auditoire beaucoup plus étendu. Ceci permet finalement aux personnes polyvalentes de créer une image de marque et d'attirer une clientèle loyale. Encore une fois, le domaine de la stylique peut très bien illustrer l'importance de la polyvalence.

Bien entendu, Karim Rashid est stylicien de profession, ou, si vous préférez, designer. On le connaît surtout pour la conception de la chaise Oh et de la poubelle Garbo pour Umbra, de la salière et de la poivrière emboîtées l'une dans l'autre pour Nambé et du restaurant Morimoto pour le chef Morimoto, mieux connu sous le surnom d'«Iron Chef». Mais il a également lancé un CD, signé de nombreux livres et articles, et collaboré à une collection de couture à Paris. Chaque fois qu'il étend son champ d'activité il rejoint un nombre toujours plus grand de personnes et chaque nouveau projet lui permet de mieux aider ses clients à comprendre la place qu'occupe leur produit dans un contexte plus vaste.

Kate Spade, la conceptrice d'accessoires et fondatrice de l'entreprise qui porte son nom, adopte une attitude similaire. Interrogée sur ce qui fait la force de son design, elle répond: «[Mon mari et moi] jouissions d'un grand avantage quand nous avons fondé notre entreprise: ni lui ni moi ne provenions de l'industrie de la mode. Ce n'est donc pas cette industrie qui nous a inspirés; ce sont nos clients».

La polyvalence de Tricia Guild est autre. Elle sillonne le monde à la recherche de moyens visant à mieux intégrer à son travail des éléments d'autres cultures, d'autres créateurs et d'autres artisans. Tricia a trouvé une façon de marier à sa création des éléments des arts décoratifs orientaux, de l'architecture de la Renaissance italienne et des influences indiennes, marocaines et européennes. Elle utilise aussi les travaux d'artistes tels que Howard Hodgkin, Janice Tchalenko, Michael Heindorff et Kaffe Fassett, en transposant leurs œuvres de la toile au tissu. L'intégration de toutes ces influences artistiques et culturelles contribue à accroître l'image de marque de Designers Guild auprès du public et à inciter celui-ci à «appartenir» à une esthétique qui s'enrichit de la variété.

L'ORGUEIL DU PROPRIÉTAIRE

En réalité, les gens veulent s'identifier à une marque, une compagnie, une idée ou un design parce qu'ils en tirent une certaine fierté. De l'ingénieur qui se glorifie de faire partie d'une équipe qui travaille à révolutionner les moteurs d'avion ou du cadre en ressources humaines qui participe à la création de nouvelles politiques d'embauche dans une industrie particulièrement exigeante, jusqu'au consommateur heureux d'exhiber son nouveau séjour et ses meubles Designers Guild, l'appartenance va de pair avec la fierté du travail bien fait.

En réalité, les gens veulent s'identifier à une marque, une compagnie, une idée ou un design parce qu'ils en tirent une certaine fierté.

Karim l'explique comme suit : « Quand je travaille avec un client, je m'efforce de le convaincre de faire quelque chose dont il sera fier. [...] Pourquoi ne mentionnerait-on pas votre création sur votre pierre tombale ? L'important est de créer quelque chose qui dure. »

Kate Spade s'enorgueillit du respect que son entreprise témoigne à sa clientèle. Quand nous lui avons demandé ce qu'elle faisait pour si bien fidéliser des gens qui ont le choix d'aller n'importe où, voici ce qu'elle a répondu : « Premièrement, nous traitons bien nos clients. La politesse la plus élémentaire n'a plus cours, surtout dans le domaine de la mode où tout le monde est pressé. Quand nous engageons du personnel, nous leur remettons un exemplaire du livre d'Emily Post, *Etiquette*. Nous rappelons à nos vendeurs qu'il importe de témoigner notre appréciation aux clients qui dépensent leur argent chez nous. Cela semble aller de soi, mais plus vous êtes connu, plus vos produits sont en demande, plus ce principe de base est facilement relégué aux oubliettes. En outre, s'il est important de traiter les clients avec respect, il est encore plus important de respecter ce qu'ils ont à dire. »

Enfin, pour Tricia Guild, l'important est tout simplement de « bien faire les choses. » La fierté est ce qui l'inspire à respecter ses propres critères dans tous les domaines. « Pour moi, tout ce que je fais est inachevé et, à ce titre, je me dois de le faire du mieux possible : qu'il s'agisse des fleurs que je choisis pour ma table, des cartes postales que j'adresse à mes amis ou des produits que je crée pour ma clientèle. »

Peu importe le point de vue que ces stylistes ont de leurs créations, ils reconnaissent que le besoin et la passion de certains individus à toujours faire plus et mieux sont les ingrédients indispensables à la naissance des nouvelles idées qui favoriseront à leur tour la fidélisation de la clientèle. Afin de maximiser le besoin d'appartenance, chacun doit bien connaître le style et l'approche qui est la sienne quand il s'agit d'influencer autrui, non seulement dans le but de susciter un besoin d'appartenance, mais aussi dans le but de créer les assises sur lesquelles s'appuieront les autres lois de l'ambition.

Choisissez votre style de leadership

Pour que l'appartenance fasse partie de votre ambitieux cheminement, vous devez absolument prendre conscience des différentes qualités requises d'un chef de groupe et développer un style de leadership qui corresponde à vos qualités spécifiques. Il se peut que vous ne vous considériez pas comme un chef de groupe ou que vous ne teniez pas à en être un dans le sens traditionnel du terme. Mais que vous dirigiez des individus de façon très structurée ou que vous ayez simplement besoin de les motiver et de les guider afin qu'ils vous aident à atteindre vos objectifs de réussite, vous devrez raffiner votre manière d'exercer votre influence sur autrui, car cette aptitude est indispensable aux ambitionnistes.

Au cours de mes réflexions sur les différents styles de leadership, j'ai consulté l'ouvrage de Robert Moore, *King, Warrior, Magician, Lover: Rediscovering the Archetypes of the Mature Masculine*. Comme par hasard, les quatre archétypes que Moore décrit dans son livre correspondent très bien aux différents styles de leadership et d'influence. Il ne s'agit pas ici pour vous de décider à quelle catégorie vous appartenez, mais bien de retenir les qualités que ces profils décrivent et de les incorporer à votre style de leadership afin de mieux servir vos objectifs.

Voici, résumés, les quatre styles de leadership :

LE GUERRIER

Le guerrier est un chef de groupe qui aime le risque et les paris, que ce soit pour une cause altruiste, un projet de création ou le lancement d'un nouveau produit. Les guerriers se jettent avec élan dans la mêlée et aiment être victorieux. Leurs forces incluent la capacité d'affronter des risques élevés en conservant leur sang-froid, la volonté de composer avec les conflits ou les obstacles potentiels ainsi que l'aptitude à résoudre les problèmes et de voir une situation dans son ensemble. En ce qui concerne leurs faiblesses, en étant très casse-cou les guerriers mettent en péril leurs gains à long terme, leur univers sans nuances ne comporte que des gagnants et des perdants, et, n'étant guère intéressés par les questions de détail, les guerriers ne sont pas des gestionnaires très soigneux.

L'AMANT

L'amant est très habile à influencer les autres, il parvient à vous faire tomber amoureux d'une idée, d'un produit, d'un design. Les amants sont de bons gestionnaires qui savent toucher les autres dans leurs émotions tout en conservant une certaine rigueur pragmatique. Leur intuition est très développée, ils possèdent de grandes aptitudes conceptuelles, ils sont doués pour l'approche indirecte plutôt que pour la démarche linéaire et ils savent susciter l'harmonie entre les membres d'une même équipe. D'autre part, les amants sont portés aux manœuvres politiques, à laisser leurs émotions prendre le dessus sur la rationalité dans les processus décisionnels, ou encore à être inconstants dans leurs sympathies et leurs aversions.

LE SOUVERAIN

Le souverain est un diplomate-né; il peut rassembler harmonieuse-ment des groupes très disparates et les amener à bien travailler ensemble. Le souverain est juste et capable d'un certain détachement. Ces gens dominent la situation en période de crise et de conflit et savent écouter attentivement les autres sans se laisser influencer. Ils sont très habiles à faire valoir leur entourage, mais ils peuvent aussi garder leurs distances avec les membres de leur équipe, manquer de spontanéité et se préoccuper de structure et de processus au détriment d'une solution globale.

LE MAGICIEN

C'est l'entrepreneur type, le rêveur capable de convaincre les autres de le suivre par la seule force de sa personnalité et de sa vision. Les magiciens sont d'excellents chefs, car ils inspirent mieux que per-sonne le besoin d'appartenance et la loyauté à un concept. Ce sont d'éternels optimistes, capables de se réorienter et de changer d'avis rapidement si nécessaire. Parmi leurs faiblesses, on note un manque d'attention aux détails, peu d'attrait pour la structure de groupe et les processus (les résultats sont plus importants que la façon d'y arriver), la tendance à recourir à la force de leur volonté pour déro-ger à leur insu au jugement des autres, et la capacité de s'aliéner les personnes qu'ils dirigent.

*

Pour déterminer avec précision votre style de leadership, répon-dez aux questions qui suivent tout en réfléchissant aux portraits ci-dessus : lequel de ces portraits m'attire le plus ? lequel me repousse le plus ? Quelle est la force que j'admire le plus ? Quelle faiblesse me menace le plus ? Quelles personnes de ma connaissance cor-respondent le mieux à ces différents profils ? Est-ce que j'admire ces individus pour leurs réussites ?

> **L'identification de votre style de leadership vous est indispensable quand il s'agit de reconnaître les moyens dont vous disposez pour rassembler un groupe de partisans. Mais il importe de relier la théorie à la pratique, de comparer vos données sur papier aux aspects concrets du travail d'équipe.**

Quand vous aurez répondu honnêtement à ces questions, vous constaterez un certain nombre de choses. Il se peut que vous puissiez vous identifier parfaitement à l'un de ces portraits, que vous sachiez maximiser ceux de vos points forts qui lui correspondent et comment compenser petit à petit pour vos points faibles. Ou encore, comme c'est souvent le cas, vous verrez que vous vous identifiez à deux portraits ou plus et que vous pouvez tracer un profil de chef de groupe dont la combinaison des forces et des faiblesses épouse parfaitement votre personnalité. Le plus important est de déterminer le plus honnêtement possible votre style de leadership. Cela fait, vous serez en mesure de rechercher des façons d'intégrer à votre style très personnel de chef de groupe les aspects les plus positifs des différents styles de leadership, tant que ceux-ci s'appliquent au travail d'équipe.

Poussez votre équipe en avant

L'identification de votre style de leadership vous est indispensable quand il s'agit de reconnaître les moyens dont vous disposez pour rassembler un groupe de partisans. Mais il importe de relier la théorie à la pratique, de comparer vos données sur papier aux aspects concrets du travail d'équipe. Un auteur et conférencier avec qui j'ai partagé une tribune il y a quelques années m'a fourni un excellent point de départ. Dans son ouvrage intitulé *The Five Dysfunctions of a Team : A Leadership Fable*, Patrick Lencioni tire parti de son merveilleux talent de conteur pour décrire les cinq principaux obstacles à un travail d'équipe productif et à l'harmonie entre les coéquipiers : l'absence de confiance, la peur des conflits, un engagement insuffisant, la fuite des responsabilités et le manque d'attention accordée aux résultats. Curieusement, j'ai compris qu'en associant les styles de leadership que j'ai décrits précédemment à ces cinq aspects dysfonctionnels du travail d'équipe, les ambitionnistes seraient plus en mesure de mettre en œuvre leurs talents de chefs de groupe. Au bout du compte, ils pourront découvrir s'ils ont ce qu'il faut pour diriger une équipe ou s'ils seraient plus efficaces dans des rapports individuels.

MINIMISEZ L'ABSENCE DE CONFIANCE

La plupart des sujets que j'ai interviewés ont affirmé que la connaissance de soi est le fondement même du leadership. Ainsi que le formule un cadre dans l'industrie du logiciel : « Un bon chef de groupe doit s'être adonné à un rigoureux exercice d'autoévaluation. Pour ma part, je garde toujours à portée de la main dans ma voiture et à mon bureau une liste de mes points forts et de mes points faibles que je consulte régulièrement. Si je constate qu'un de mes points faibles prend le dessus ou qu'une lacune nouvelle montre le bout de son nez, j'agis sans tarder. J'ai constaté que cette attitude, cette prise de conscience de mes imperfections et cette admission de mes failles m'aident à briser périodiquement l'image irréaliste que je me fais du dirigeant inaccessible et je pense que mes gens comptent maintenant sur cette honnêteté. » Le fait de ne pas vous prendre au sérieux plus que nécessaire fait de vous un exemple à suivre réaliste pour vos coéquipiers. Tout individu possède des points faibles ; reconnaître ceux-ci incite votre équipe à vous faire confiance en tant que chef de groupe.

La confiance est aussi le fondement des bonnes décisions. Les membres d'une équipe savent qu'ils peuvent formuler leur point de vue sans risque d'être humiliés si ce point de vue met une de leurs faiblesses en évidence ; quant aux chefs de groupe, ils savent que leurs collègues les rappelleront à l'ordre si leur faculté d'écoute s'estompe et met en péril les progrès de l'équipe. Ainsi que le dit un conseiller : « Vous savez ce que vous savez, vous savez ce que vous ne savez pas, et vous ne feignez pas de savoir ce que vous ignorez. » Entourez-vous d'individus qui ont l'autorité voulue pour dévoiler votre jeu ; vos décisions seront ainsi plus justes et à propos.

Pour parvenir efficacement à ce résultat, vous pourriez décider d'assumer les meilleures qualités du magicien. Tandis que vous vous activez en coulisses à faire en sorte que vos coéquipiers aient tout ce qu'il faut pour mener votre projet à terme et prendre les décisions qui s'imposent, vous faites en sorte d'encourager leur loyauté et, qui sait, leur donner l'impression que le travail d'équipe s'accomplit presque par magie.

MINIMISEZ LA PEUR DES CONFLITS

Les metteurs en scène de théâtre et de cinéma parlent toujours de la « volonté » du personnage. Que « veut » obtenir un personnage d'un autre personnage ? Que « veut » un personnage plus que tout au monde ? Au théâtre et au cinéma, tout ce qui arrive est l'effet d'une volonté, car c'est la volonté qui crée le conflit et aussi sa résolution possible. La même tension est nécessaire dans le monde du travail. Chacun possède des désirs secrets, des objectifs et, pour revenir au sujet de ce livre, des ambitions. En tant que chef de groupe, il est de beaucoup préférable d'identifier dès le départ les ambitions secrètes des membres de votre équipe plutôt que de les subir de façon inattendue au moment le plus inopportun. Tout comme le metteur en scène qui sait ce qu'un personnage veut obtenir d'un autre personnage et qui travaille avec les deux acteurs pour que soient clairement interprétées cette intention et sa résolution, le chef de groupe doit pressentir les ambitions de ses équipiers et trouver le moyen de les satisfaire.

Les créateurs Dan et Dean de D-Squared, par exemple, doivent parfois accepter qu'un agent retire à la dernière minute un mannequin de leur défilé de mode. Une telle situation perturbe beaucoup l'organisation d'un événement, mais au lieu de se laisser distraire, Dan et Dean ont toujours en réserve une solution de rechange. Conscients du fait que chacun obéit à son propre ordre du jour, ils savent qu'un chef de groupe doit pouvoir compter sur un plan de redressement pour pallier à ce genre de conflit potentiel.

Réciproquement, afin de s'assurer que les membres de leur équipe ne dissimulent pas leurs ambitions secrètes par crainte de créer des conflits en les formulant, les ambitionnistes s'efforcent d'exposer ces ambitions sous un jour favorable et de tirer parti du dynamisme qu'elles génèrent pour pousser leur équipe. Songez ici au portrait du souverain. La lobbyiste, par exemple, non contente de lutter pour les mêmes pouvoirs limités, fait en sorte que toutes les parties concernées aillent de l'avant ; pour ce faire, elle apprend à connaître leur ordre du jour et les assure que leurs causes peuvent être défendues au même titre que celles des autres groupes. De même, le créateur se débrouille pour que tous les membres de son équipe collaborent à une nouvelle création afin que tous en partagent le crédit sans nuire à l'intégrité du projet dans son ensemble.

Les chefs de groupe ambitionnistes doivent savoir identifier le moment où leur équipe cesse d'être efficace. Les personnes que j'ai interviewées lors de la préparation du présent ouvrage ont dit que certains signes ne mentent pas : ces personnes ne répondent pas à leurs messages, elles évitent tout contact visuel pendant les réunions, elles ne rient plus et ne plaisantent pas ensemble au travail ou en société, elles semblent chercher un autre point d'ancrage (un nouveau travail) tout en cachant jalousement à leurs coéquipiers leurs relations d'affaires avec leurs clients ou leurs fournisseurs.

Savoir reconnaître ces signes vous donne une longueur d'avance quand il s'agit d'identifier la source du problème et de redéfinir les règles d'engagement qui répondront aux désirs et aux ambitions de chacun. Certes, il existe *certaines* ambitions personnelles qui ne sauraient s'harmoniser à celles d'une équipe ou d'une entreprise ; dans ce cas, il est indispensable que l'individu concerné parte immédiatement. Il est souvent beaucoup plus difficile de savoir quand remercier une personne de ses services que de savoir quand l'engager. En assumant le profil détaché et déterminé du souverain, le chef de groupe parvient à identifier les ambitions personnelles de chacun et à évaluer la productivité de son équipe dans son ensemble, et il sait agir au bon moment.

Seul un vrai chef de groupe peut rassembler son équipe et faire passer le bien de la collectivité avant les désirs personnels de chacun. Vous identifiez vos ambitions et vous devez permettre à vos coéquipiers de faire de même.

MINIMISEZ L'ENGAGEMENT INSUFFISANT

Seul un vrai chef de groupe peut rassembler son équipe et faire passer le bien de la collectivité avant les désirs personnels de chacun. Vous identifiez vos ambitions et vous devez permettre à vos coéquipiers de faire de même. Ce faisant, vous les laissez être fidèles à leur nature et vous reconnaissez l'importance de leur apport. Toutefois, même si chacun des membres d'une équipe de course d'endurance a ses objectifs propres, il n'en demeure pas moins que l'aptitude de l'équipe à franchir en groupe chaque étape de la course est ce qui permet à chacun de prendre les décisions stratégiques qui avantageront l'équipe tout entière. Il en va de même dans le domaine de la stylique, du cinéma, de la finance ou de l'influence politique.

Un scénariste m'avoua que, s'étant entiché de certaines des vedettes du film auquel il travaillait, il s'éloigna des autres scénaristes de son équipe et se mit à fréquenter les acteurs et à écouter leurs suggestions de changements au scénario. Quelque temps après, lassées de sa présence, les vedettes cessèrent de se confier à lui, mais quand il voulut réintégrer son groupe de scénaristes, il y fut mal reçu. Son équipe estimait avoir été rembarrée par lui et jugeait qu'il avait manqué de loyauté envers elle. Il parvint à regagner la confiance de ses coscénaristes, mais cette expérience lui montra qu'il ne devait jamais sous-estimer l'importance de l'engagement collectif.

L'ambitionniste guerrier est le mieux placé pour contrer le manque d'engagement. Le guerrier axe toujours son équipe sur la réussite collective au moyen de tactiques de groupe similaires aux tactiques de combat. En concentrant leur attention sur le *nous* plutôt que sur le *je*, les membres de l'équipe peuvent mieux accepter que leur réussite individuelle soit tributaire de la réussite du groupe tout entier.

Minimisez la fuite des responsabilités

Pour une bonne part, le travail d'un chef de groupe est celui d'un chef d'orchestre ou d'un architecte : il trace les liens entre individus, lieux et occasions qui favoriseront au maximum les choix positifs de l'équipe tout entière. En adoptant le profil de l'amant, le chef de groupe ambitionniste s'efforce de demeurer le plus possible en retrait dans les processus décisionnels. Il met les autres en lumière tout en orientant leurs choix. Le désir authentique de contribuer au succès d'autrui est inhérent à une telle attitude. Adhérer au principe voulant qu'il convient d'engager des individus plus brillants que soi et de pousser gentiment les membres d'une équipe à faire ce qu'ils en viendraient à faire par eux-mêmes, voilà un style très élégant et noble de leadership. Ce style de leadership incite également les individus à assumer leurs décisions.

Certains chefs de groupe parlent de « destin commun », de la faculté de procurer à leur équipe le moyen de fonder leurs décisions sur une conscience très nette de la différence entre les objectifs de l'entreprise et les buts personnels. D'autres se contentent de soutenir les employés qui en font la demande. Mais dans la plupart des cas, les chefs de groupe modèles n'ignorent pas que, lorsque les décisions se prennent exclusivement aux échelons supérieurs de l'entreprise, celle-ci limite de beaucoup ses possibilités de croissance. Après tout, un petit groupe de décideurs n'a guère de temps pour agir chaque jour. Mais lorsqu'une équipe est formée à assumer ses responsabilités et que la prise de décisions est une *obligation* pour tous les membres de cette équipe, le potentiel de croissance alimente tous les échelons de l'entreprise. Ainsi que le dit un cadre supérieur : « J'ai toujours constaté que des individus honnêtes et intelligents sont plus motivés et productifs en groupe que n'importe quel leader ne saurait l'être par lui-même. Je fais toujours en sorte que mes équipes soient autonomes, qu'elles assument leurs responsabilités et qu'elles aient de la visibilité et je leur donne toute ma confiance. Elles ne m'ont que très rarement déçu. » Bref, les chefs ambitionnistes qui s'efforcent d'encourager la prise de décisions à tous les échelons de la hiérarchie minimisent la fuite des responsabilités.

AUGMENTEZ L'ATTENTION ACCORDÉE AUX RÉSULTATS

Tout en gardant une vue d'ensemble, les ambitionnistes sont toujours très attentifs aux détails. « Il faut, note Tricia Guild, qu'une certaine recherche assidue de l'excellence ou de la qualité "particulière" anime votre entreprise, une omniprésence du souci de la perfection. Que cela se traduise par votre manière toute personnelle d'émerveiller votre clientèle, de concevoir la disposition de vos bureaux ou d'assurer la qualité de vos produits et l'opportunité de votre mise en marché, rien ne saurait se substituer à cette attention aux détails qui, au bout du compte, vous procure les résultats auxquels vous aspirez, vous et votre équipe. »

Chacun des quatre profils de leadership peut favoriser cette attention scrupuleuse accordée aux détails. Le guerrier doit identifier les vrais combattants de son équipe, ceux qui pourront prendre des décisions difficiles au nom de celle-ci. Le souverain doit s'assurer que ses gens sont capables de compassion et de diversité pour faire en sorte que tous se complètent sans jamais nuire aux ambitions ou aux objectifs de chacun. Le magicien doit créer des occasions opportunes et des défis que les membres de son groupe s'empresseront de relever, mais sans jamais leur laisser savoir qu'il y a mis la main. Enfin, l'amant doit porter une très grande attention à tous les détails afin de s'assurer que son groupe saura faire des choix opportuns, atteindre un très haut niveau de productivité et placer la barre à une hauteur qui favorisera la croissance et la prospérité futures de l'entreprise. Identifiez votre style personnel de leadership et reconnaissez que votre réussite dépend autant de votre victoire sur les quatre premiers aspects dysfonctionnels du travail d'équipe que de l'attention accordée aux détails tout en ne perdant pas de vue l'ensemble de vos objectifs.

Le mot de la fin

L'appartenance est un concept englobant difficile à couvrir en entier dans un seul chapitre. Je vous incite donc fortement à poursuivre votre recherche en lisant des ouvrages qui touchent plus spécifiquement vos préoccupations, qu'il s'agisse de la mise en place d'une image de marque (personnelle ou commerciale), de la création d'une culture d'entreprise, de la fidélisation de la clientèle ou des employés de talent, de la redéfinition de vos aspirations professionnelles, ou de votre réengagement envers vos activités présentes. L'aspect le plus important de la notion d'appartenance et du rassemblement d'un groupe de partisans dans votre parcours est votre engagement sans cesse renouvelé d'offrir à vos gens un milieu de travail attirant, engageant et motivant. Pour les personnes qui cherchent à exercer leur influence, un tel milieu leur ouvrira des portes et préparera le terrain de leur réussite future. Il multipliera aussi le capital humain d'une entreprise bien au-delà de l'apport personnel de chacun, que celui-ci soit patron, cadre ou employé. Telle est la force d'un sentiment d'appartenance durable.

Dans ma recherche d'une façon de boucler la boucle de la notion d'appartenance et d'asseoir la base de la prochaine loi de l'ambition (la force d'impulsion), je me suis remémoré un extraordinaire entretien que j'avais eu en février 2003, au beau milieu d'une des pires tempêtes de neige que New York ait connue. Quittant la cinquième Avenue, j'entrai dans l'opulent building qui abritait l'appartement de type européen d'Eleanor Lambert Berkson. Son assistante me fit entrer dans une pièce regorgeant de sublimes antiquités où m'accueillit avec gentillesse une femme très élégante et bien mise. En l'espace d'une heure, Eleanor me fit le récit de certains des moments les plus fascinants de ses cent ans d'existence. Noms de personnes, noms de lieux, dates, je notais tout à une vitesse folle, et j'avais du mal à suivre mon interlocutrice.

Eleanor est la publicitaire qui a su établir la réputation internationale de la mode américaine. Elle a participé à la création du Costume Institute du Metropolitan Museum of Art de New York (Institut du costume), des Coty Awards et du Council of Fashion Designers of America (Conseil des créateurs de mode des États-Unis). En 1941, Eleanor mit sur pied l'International Best Dressed Poll (Liste des personnalités les mieux vêtues au monde) où l'on retrouve les noms d'importants créateurs new-yorkais tels Bill Blass et Oscar de la Renta, qui perdura sous son égide jusqu'à son décès en octobre 2003, quelques mois à peine après notre entretien.

Cette femme fut un modèle de la façon dont se crée un sentiment d'appartenance dans tous les sens du terme. Elle a su promouvoir chacun de ses projets auprès des journalistes de mode du monde entier en contactant chacun personnellement. Elle a su d'instinct susciter en eux le désir de s'associer à une entreprise participative fondée sur l'orgueil du propriétaire. Elle a su être polyvalente dans son aptitude à séduire de façon enrichissante chacun de ses contacts. Enfin, elle a su être un très important vecteur de changement en créant une nouvelle institution au sein de l'industrie de la mode.

Eleanor a tiré parti des qualités du guerrier, du souverain, de l'amant et du magicien pour rassembler son groupe de partisans de façon à ce que les participants, les médias et le public en général aient envie de s'identifier à son style et aux événements qu'elle organisait, longtemps encore après qu'elle en eut fait le centre de son univers. C'était là le signe d'une ambitionniste authentique : non seulement a-t-elle su susciter dans l'immédiat un sentiment d'appartenance, mais elle a ainsi mis en place la clé de voûte de la prochaine loi qui devait régir son ambition : la force d'impulsion qui ne risque pas de s'essouffler.

QUATRIÈME LOI

La force d'impulsion

L'ambition peut ramper autant que s'envoler.
EDMUND BURKE

Les cyclistes de compétition savent qu'arrive un moment dans toute course où ils font face à un mur et qu'ils ne pourront franchir cet obstacle physique et mental sans d'abord renouveler leur détermination. C'est ce qu'on appelle « le second souffle. » Passé ce moment décisif, ils entrent dans la seconde phase de la course et, souvent, ils sont de plus en plus confiants, car ils savent qu'ils ont assez de résistance pour se rendre à la ligne d'arrivée, voire pour gagner.

Que vous soyez un cycliste déterminé à gagner la course ou un homme ou une femme de carrière axé sur la réussite, c'est la gestion de votre force d'impulsion qui vous aidera à miser sur la vitesse et l'énergie que vous avez déjà mises en place et à franchir les obstacles inattendus qui barreront votre chemin. En guise d'exemple, observons un peu ce qu'a accompli la célèbre photographe publicitaire EJ Camp.

EJ a réalisé de nombreuses pages couvertures du magazine *Rolling Stone* et photographié les plus grandes étoiles du cinéma. Elle est réputée pour son aptitude à mettre ses sujets en valeur. Lorsque j'ai interviewé EJ entre un voyage à New York et un voyage à Hollywood, elle m'a décrit en peu de mots ce qu'est pour elle la force d'impulsion : «Votre carrière avance ou elle recule. Il n'y a pas d'entre-deux. La seule façon de tirer parti de la force d'impulsion consiste à vous pousser en avant quand vous êtes sur une courbe ascendante, à trouver un moyen de résister quand vous êtes sous pression et à toujours avoir un plan de secours qui vous redonnera des forces quand vous traversez des moments difficiles. Dans ce métier, c'est indispensable. De nombreux photographes prennent leur emploi du temps chargé pour un défi, mais cela leur procure un faux sentiment de sécurité. Quel que soit le nombre de mes engagements urgents, je m'assure toujours d'envoyer un portfolio de mes plus récentes photos à mes clients et à des agents. Il faut toujours se mettre en évidence, travailler à sa réputation et savoir dépister les tendances. J'imagine que c'est ainsi dans tous les domaines. »

EJ, comme d'autres ambitionnistes, sait qu'il est plus facile de maintenir sa force d'impulsion quand on a déjà atteint une certaine vitesse de croisière. Elle exerce ce métier depuis assez longtemps pour savoir que, peu importe votre succès, il est toujours possible de faiblir ou d'avoir à faire face à des circonstances inattendues et désastreuses qui risquent de sérieusement freiner votre élan et même de changer le cours de votre « course ». Elle-même a connu un moment de paralysie catastrophique.

« Le 11 septembre 2001 m'a complètement déphasée. Je travaillais pour Pepsi ce jour-là et nous nous trouvions dans l'édifice le plus haut de New York après le World Trade Center — le Helmsley Building. Nous étions en train d'installer l'éclairage. Tandis que nous regardions par les immenses fenêtres en sirotant notre café du matin, nous avons vu que le World Trade Center brûlait. Au début, personne ne comprit ce qui se passait. Cela ressemblait à un rêve au ralenti. Mais quand le deuxième avion a percuté l'édifice, la réalité de la situation s'est abattue sur nous. Nous étions sous le choc. L'angoisse que nous avons tous ressentie à cet instant en songeant à la tragédie qui frappait les gens qui se trouvaient dans le World Trade Center a transformé notre vie. Ç'a été dévastateur. Ce jour-là a placé ma carrière en suspens pendant un long moment. Les compagnies annulaient nos contrats, les gens célèbres restaient dans l'ombre, nous avons tous été touchés. Mis à part l'aspect personnel de ces événements, j'ai compris que j'avais toujours misé sur une force d'impulsion bien gérée et que celle-ci faisait partie du mouvement de flux et de reflux de ma carrière. Et voilà que soudain j'étais complètement à l'arrêt. Nous avons tous dû nous encourager les uns les autres et, mus par un sentiment profond de *ce qui compte réellement*, reconstruire peu à peu la force d'impulsion qui pouvait à nouveau alimenter notre vie et notre carrière. »

Développer le long terme au fur et à mesure

La quatrième loi correspond à la seconde moitié du cycle de l'ambition. Quand vous aurez traversé la phase de la révélation (Première loi), parfait votre mise au point et vos aptitudes décisionnelles (Deuxième loi) et mis en place votre équipe principale en lui insufflant un sentiment d'appartenance (Troisième loi), vous devrez apprendre à maîtriser la force de votre impulsion, cet élan qui vous aidera à perpétuer votre ambition et à mettre à profit vos ressources renouvelables. Une bonne gestion de la force d'impulsion est ce qui vous aidera à vous recentrer et à trouver votre second souffle.

La Canadienne Hilary Brown, correspondante à l'étranger pour la chaîne ABC, décrit comme suit la force d'impulsion : « La force d'impulsion procure le sentiment d'être bien en train, ce qui signifie qu'un succès en entraîne un autre et que vous avez l'impression que ça ne s'arrêtera jamais. Mais c'est faux... la plupart des carrières connaissent des hauts et des bas, et vous n'êtes pas toujours responsable des moments creux. » Tout cheminement connaît des fluctuations ; il y a des moments où tout semble aller trop lentement, tout semble s'être enlisé, voire même avoir pris du recul. Le secret consiste à trouver un second souffle pendant ces inévitables temps morts. Pour les ambitionnistes, cela veut dire avant tout développer une bonne attitude, celle qui vous permettra de composer efficacement avec votre force d'impulsion.

« La force d'impulsion ? Voyons… Je crois qu'il s'agit de visualiser une sorte de gyroscope intérieur. Certains jours, vous attrapez la corde de déclenchement, et ça tourne, et ça vous pousse, et vous réalisez vos objectifs avec débrouillardise et détermination… et certains jours, vous ne parvenez même pas à trouver cette satanée corde. »

Ma définition de la force d'impulsion a trouvé son point de départ dans l'interview que m'a accordée le duo de designers canadiens de la firme mondialement connue, Yabu Pushelberg. Depuis le design de l'hôtel W Times Square, à New York, à la nouvelle conception du prestigieux Tiffany & Co. de la Cinquième Avenue, en passant par l'hôtel Quatre Saisons de Marunouchi à Tokyo, Yabu Pushelberg a créé un ensemble de concepts d'intérieur qui ont su attirer l'attention du monde entier. Ainsi que le signale un journaliste : « Si faire ce que l'on aime dans la vie est un signe de succès, il est indéniable que les designers d'intérieur Glenn Pushelberg et George Yabu ont un succès mondial. » Qui plus est, rien ne laisse supposer qu'ils s'apprêtent à ralentir.

Lorsque je leur ai demandé de me parler de la force d'impulsion telle qu'elle s'applique à leur carrière, George a fait appel à une métaphore très intéressante. « La force d'impulsion ? Voyons… Je crois qu'il s'agit de visualiser une sorte de gyroscope intérieur. Certains jours, vous attrapez la corde de déclenchement, et ça tourne, et ça vous pousse, et vous réalisez vos objectifs avec débrouillardise et détermination… et certains jours, vous ne parvenez même pas à trouver cette satanée corde. Vous savez qu'elle est là, mais vous n'avez même pas la force de mettre votre moteur en marche. Savoir que la force d'impulsion est une ressource dont il faut prendre soin, qu'il faut dorloter et emmagasiner, voilà ce qui permet à votre gyroscope intérieur de fonctionner. En retour, il vous poussera vers la prochaine étape de votre ambition. Quand nous réfléchissons à ce que nous voulons faire à compter de maintenant, nous disons toujours que nous ne voulons rien de plus, que nous voulons la même chose en plus intéressant, en mieux. Nous voulons redéfinir ce gyroscope intérieur et tirer le meilleur parti possible de la force d'impulsion que nous avons déjà soigneusement accumulée. »

Cette métaphore est tout à fait sensée si on imagine qu'un gyroscope est un appareil tournant à grande vitesse autour de son axe. Il s'agit sans doute de l'instrument le plus important d'un aéronef. Quel que soit l'angle d'inclinaison de l'avion, le gyroscope indique au pilote où se trouve l'horizontale. Cette image du gyroscope nous rappelle qu'à toute étape de notre cheminement nous choisissons nous-même notre vitesse de croisière et notre rythme. Yabu et Pushelberg gèrent la force d'impulsion de leur entreprise de façon à ce que non seulement elle engendre leur réussite, mais une réussite d'un genre qui les intéresse, soit un progrès autogéré. La force d'impulsion est tout naturellement issue de la phase d'appartenance du cycle de l'ambition ; autrement dit, quand vous avez fini de pousser les autres à s'identifier à vos objectifs, vous recentrez votre attention sur vous-même.

Voici un survol des stratégies nécessaires à une bonne gestion de la force d'impulsion :

L'accélération. À cette première étape, par certains côtés la plus importante des trois, tout un ensemble d'aptitudes et de tactiques est nécessaire. Il importe ici de mettre proactivement le moteur en marche afin de générer la force de propulsion nécessaire. Après tout, il faut que tous les morceaux soient bien en place pour que vous puissiez évaluer de façon réaliste les occasions favorables qui se présentent, prévoir les réactions de vos adversaires et trouver le moyen de tirer parti de vos aptitudes. Tout en exploitant au maximum leur force d'impulsion, les ambitionnistes perfectionnent leurs aptitudes en persévérant dans ce qu'ils savent faire de mieux, et en redisant aussi souvent que possible comment ils ont atteint leur seuil présent de réussite. Ainsi, ils préparent le terrain pour les stratégies subséquentes.

Le maintien de l'impulsion. Quand vous avez atteint un certain niveau de succès, vous devez trouver le moyen d'orienter et de dépenser correctement votre énergie. Pour exercer cette surveillance, les ambitionnistes jouent en quelque sorte le rôle du rédacteur en chef. Cela signifie qu'ils observent leur réussite avec un certain recul tout en étant prêts à saisir les occasions favorables qui se présentent et qui pourraient leur faire gagner du terrain. Pour le rédacteur en chef, il vaut mieux faire simple.

L'impulsion renouvelée. Il arrive toujours un moment où l'on est en perte de vitesse. Comme cela se produit le plus souvent sans prévenir, il faut vous préparer aux inévitables moments creux en ravivant votre passion, en vous remémorant qui vous êtes aussi souvent que nécessaire, en mettant en lumière ce qui fait votre originalité et même en redéfinissant votre force d'impulsion. Examinons chacune de ces stratégies plus en détail.

L'accélération

Les débuts sont toujours enthousiasmants ; c'est le cas aussi de l'accélération. Toutes les personnes que j'ai consultées se sont remémorées avec plaisir le moment passionnant où leur carrière a pris de la vitesse.

Soyez prêt

Jerry Mitchell est un important chorégraphe qui a multiplié les succès à Broadway et au cinéma, notamment avec *Hairspray, The Full Monty,*

The Rocky Horror Show, Gypsy Rose, Parfum de femme et *In and Out*. C'est aussi un homme dont la disponibilité a été le fondement même de sa carrière.

Né à Paw Paw, une petite ville du Michigan, Jerry a toujours été attiré par la danse. À l'âge de cinq ans, il accompagnait sa petite voisine à sa classe de ballet, puis, de retour chez elle, il l'aidait à pratiquer ses mouvements. À huit ans, devenu membre d'une petite troupe de théâtre locale, les Paw Paw Village Players, il fit partie du chœur de *The Music Man*. « C'est à ce moment, je crois, dit-il, que j'ai attrapé le virus de la danse. Je me souviens avoir dit à ma mère qu'un jour je danserais à Broadway et que rien ni personne ne m'en empêcherait. »

Au cours de sa dernière année d'études secondaires, Jerry assista, dans un centre commercial local, à une représentation de *West Side Story* que donnait une troupe appelée les Young Americans. Or, il arriva qu'un des danseurs fût blessé. « J'ai suivi la troupe jusqu'à l'auditorium et là, j'ai dansé sans arrêt dans le hall pour attirer l'attention du metteur en scène. J'y suis parvenu et il m'a invité à me joindre à la troupe jusqu'à la fin de l'année. Je savais que cela me ferait perdre des jours de classe, mais je savais aussi que le moment était venu pour moi de danser à plein temps. J'étais on ne peut plus disponible. »

À 23 ans, Jerry en était à son cinquième spectacle à Broadway. Certains s'en seraient contentés. Mais pour Jerry, se rendre disponible signifiait dériver du courant, s'engager dans de nouvelles avenues. Quand on lui offrit de chorégraphier sa première production de *The Amazing Technicolor Dream Coat* tout en continuant à participer à un spectacle de Broadway, il proposa un compromis à son metteur en scène : en échange de quelques semaines de congé pour lui permettre de préparer sa chorégraphie, il prolongerait de six mois son contrat avec lui. Cette solution, tout à fait inédite à Broadway, montre encore une fois combien Jerry savait tirer le meilleur parti possible de sa disponibilité.

Sa carrière continua de progresser à une vitesse folle : travail de chorégraphe, travail d'acteur de théâtre, spectacles à Broadway et spectacles marginaux. « Si la force d'impulsion est une ressource renouvelable — et c'est mon opinion — cela signifie tenter de pénétrer au cœur même de ce qui nous a poussés là dès le départ, puis rester en contact avec ce qu'on est réellement déterminé à affronter. Vous seul pouvez dire si vous êtes prêt à gravir un échelon de plus et à augmenter votre mise. C'est comme s'il vous fallait dialoguer avec vous-même puis vous préparer du mieux possible à poursuivre votre route. »

Mackie Shilstone est un spécialiste de l'amélioration du rendement à la Oschner Clinic Foundation, de la Nouvelle-Orléans. Il est connu pour avoir amélioré le rendement de Michael Spinks, l'ancien champion du monde poids léger dont il a fait un champion du monde poids lourd — une première dans l'histoire de la boxe. Dix-sept ans plus tard, Mackie a appliqué le même modèle d'amélioration du rendement à Roy Jones Jr., avec autant de succès. Son travail auprès du joueur de base-ball du Temple de la renommée, Ozzie Smith, inter dans l'équipe des Cardinals de St. Louis, comme son travail auprès de quelque deux mille cinq cents autres athlètes professionnels a fait de lui un maître reconnu de la gestion du rendement en même temps que l'auteur du best-seller *Maximum Energy for Life*. Regardons de plus près quelques-uns de ses principes directeurs, en commençant par celui-ci : sachez toujours où vous en êtes.

Au début de son travail avec les athlètes, Mackie détermine où ils en sont dans leur parcours, leur état physique et mental et leurs objectifs. Il conseille à tous d'adopter cette approche. « Il importe pour chaque personne de connaître parfaitement son état de santé, la qualité de son dynamisme et de son bien-être général pour savoir ce qu'elle est en mesure d'entreprendre physiquement, mentalement et spirituellement. » Mackie souligne le fait que la plupart des victimes d'infarctus n'ont pas eu d'avertissement. « Ils n'ont jamais fait de bilan de santé pour connaître leurs capacités dans ce jeu de la vie. Quand le cœur lâche, c'est trop tard. »

Savoir où vous en êtes signifie que vous faites le bilan de vos acquis en matière d'aptitudes, de concentration et de prise de décisions et que vous connaissez suffisamment vos talents de chef de groupe pour être en mesure d'évaluer vos points forts et vos points faibles. Si vous vous adonnez régulièrement à cet exercice, vous saurez si vous avez l'endurance nécessaire pour maintenir votre niveau d'excellence, votre vitesse de croisière et votre taux de réussite. En connaissant à l'avance votre potentiel, vous êtes plus en mesure de préparer un plan d'action avant d'entrer dans l'arène.

Savoir où vous en êtes vous place aussi dans l'expectative. Mackie signale qu'il n'a jamais rencontré de boxeur pour qui son métier consiste à « se faire taper dessus ». Boxer consiste plutôt à savoir d'où proviendra le prochain coup et à prévoir celui-ci. Il en va de même pour les ambitionnistes qui contrôlent leur force d'impulsion afin d'être prêts à saisir les occasions qui se présentent. EJ Camp affirme qu'elle accélère le plus quand elle est très occupée, se préparant ainsi aux périodes creuses ; de même, les boxeurs et les ambitionnistes prévoient les conséquences de leurs décisions et ils se préparent au prochain coup.

Dans le chapitre sur la Troisième loi, l'appartenance, nous avons rappelé l'importance de savoir que les objectifs collectifs du groupe s'accompagnent des objectifs individuels de tous les membres de l'équipe. Dans la force d'impulsion, les objectifs de vos adversaires deviennent votre point focal. Vos adversaires sont les individus qui vous concurrencent, mais il s'agit aussi parfois du temps qui passe, de l'argent ou des conditions du marché. Quels qu'ils soient, vous devez bien les identifier et déterminer ce qui les motive.

Mackie relate une anecdote qui résume cette notion : « Quand je travaillais avec Roy Jones Jr. et que je devais relever le défi de le hisser du championnat poids léger au championnat poids lourd, j'ai eu recours à la stratégie suivante : j'ai évalué notre adversaire, John Ruiz, qui avait à ce jour accumulé près de quarante-trois victoires. Je savais qu'il était le premier champion poids lourd latino-américain. Je savais aussi que, lors de sa victoire du championnat de la World Boxing Organization contre Evander Holyfield, il avait mis six heures à traverser la foule pour se rendre de l'aéroport de San Juan, Porto Rico, jusqu'à sa maison — un trajet de deux heures en temps normal — puis qu'il avait pris la parole dans un stade où s'entassaient quelque trente mille supporters. C'était très éloquent. J'ai compris que cet homme était animé d'un fort sentiment patriotique, qu'il était très fier de son pays et qu'il se battait pour quelque chose. Nous devions donc préparer un plan stratégique faisant appel à sa fierté nationale. Ainsi, il se concentrerait plus sur son patriotisme que sur son adversaire — qui se trouvait à être mon poulain, Roy Jones Jr.

> **Dans mon esprit, ce principe vaut pour toutes les situations, qu'il s'agisse d'un combat de boxe, d'une stratégie de mise en marché, ou d'une orientation professionnelle. L'important est de prévoir où vous devriez être pour toujours conserver votre force d'impulsion.**

« Mes recherches m'avaient appris que 60 p. 100 de ses quarante-trois victoires lui avaient été accordées au cours des premières reprises, 20 p. 100 dans les dernières, et que toutes ses défaites étaient survenues à la 12e reprise. J'en ai conclu qu'il récupérait à la 7e et à la 9e reprise. Sachant cela, nous avons décidé de passer à l'attaque à la 7e et à la 9e reprise en prévision de ses périodes de récupération. » Ce plan a permis à Roy Jones Jr. de préparer sa force d'impulsion pour qu'elle profite des faiblesses de son adversaire. Dans mon esprit, ce principe vaut pour toutes les situations, qu'il s'agisse d'un combat de boxe, d'une stratégie de mise en marché, ou d'une orientation professionnelle. L'important est de prévoir où vous devriez être pour toujours conserver votre force d'impulsion.

RASSEMBLEZ VOS ATOUTS

Munis de ces directives sportives, les ambitionnistes sont maintenant prêts à accélérer en misant sur leurs aptitudes. Dans le chapitre sur la Troisième loi, nous avons dit à quel point il importe de vous entourer de leviers, c'est-à-dire de personnes aptes à vous aider à diffuser vos talents ou vos produits. En terme d'impulsion, le levier vous donne la possibilité de changer d'emploi ou de situation. Au lieu de simplement accumuler des titres de compétences qui, tout en ayant leur importance, n'ont aucun effet multiplicateur, l'optimisation de vos aptitudes crée autour de vous et derrière vous une force d'impulsion qui s'autogénère. À titre d'exemple, revenons à la photographe hollywoodienne EJ Camp.

Lorsqu'EJ obtint son diplôme du Rochester Institute of Technology, elle fit le bilan de ses dons et constata qu'en plus d'être artistiquement douée, elle avait des aptitudes pour les relations humaines. Sachant cela (donc, sachant où elle en était), elle prit le risque de changer l'orientation de ses études; au lieu d'une maîtrise en arts, elle opta pour une maîtrise en photographie, ce qui lui ouvrit immédiatement les portes du milieu de la mode. En d'autres termes, elle tira du jeu son premier atout et choisit d'optimiser ses dons artistiques et ses aptitudes pour les relations humaines en réorientant ses études de façon à ce que celles-ci s'harmonisent mieux à ses talents et à ses objectifs de carrière.

EJ devint bientôt l'assistante des célèbres photographes Albert Watson et Bruce Webber, auprès desquels elle travailla pendant plusieurs années. C'était un travail épuisant mais fascinant qui lui permit d'apprendre à composer avec différents types de personnalités tout en voyageant à travers le monde et en subissant un stress énorme. Après avoir vécu un an à Milan, elle rentra aux États-Unis, lassée de cette société d'« adolescentes fugueuses », comme elle appelait les mannequins. Elle avait envie de s'éloigner de ce milieu.

Au lieu de dénicher d'autres façons de tirer parti de ses talents dans la photographie de mode, EJ fit le bilan des aptitudes qu'elle y avait développées — sa capacité à travailler avec des mannequins, à gérer un emploi du temps très serré et à vivre dans ses valises — puis elle offrit ses services au magazine *Rolling Stone*. Sa démarche eut du succès. Sa première page couverture avec Christie Brinkley fit un tabac. Des portes s'ouvrirent aussitôt pour elle, et elle axa ses efforts sur l'univers du rock and roll. Mais en dépit de la vie trépidante de ce milieu, elle eut bientôt envie d'autre chose encore, non pas de plus important, mais de mieux, de différent. Oui, elle était très occupée, mais pourquoi ne pas transformer sa réussite, en faire autre chose ?

C'est plus ou moins à cette époque qu'EJ dut réaliser des photos de Tom Cruise pour la couverture de *Rolling Stone*. Comme par hasard, EJ et Tom Cruise sont tous les deux natifs de la même petite ville. Ils sympathisèrent sur-le-champ. Cruise lui demanda de réaliser les photos pour les affiches de ses films *Top Gun* et *The Color of Money* et, en deux temps, trois mouvements, elle se vit catapultée dans le monde des vedettes d'Hollywood.

Chaque fois, on le notera, EJ a mis en œuvre la même stratégie pour faire avancer sa carrière. Elle a optimisé ses talents et ses aptitudes, elle les a remballés, et elle a su se servir de ses atouts pour gravir un autre des échelons de la réussite.

EXERCEZ VOTRE MÉTIER

Le parcours de l'ambitionniste est un parcours pratique. À l'étape de la révélation, nous avons dit à quel point il importe de s'incliner du côté de ce qui nous a été révélé et de savoir comment aborder ce que l'on croit avoir envie de faire. De même, à l'étape de l'impulsion, il importe pour vous de continuer à « exercer votre métier » en même temps que vous prévoyez le prochain pas à faire et que vous vous y préparez. Dans la livraison de juillet 2003 de *Restaurant Hospitality*, on peut lire ce qui suit : « Il n'y a sans doute pas de restaurateur plus en demande aux États-Unis en ce moment que Stephen Starr. » Comme il a mis sur pied des restaurants aussi réputés que le Continental, le Morimoto et le Buddakan (ce dernier a été inclus dans la liste des cinquante plus grands restaurants du pays par le magazine *Travel & Leisure*), il n'y a pas lieu de s'étonner que je me sois tournée vers Stephen pour savoir comment nous pouvons faire prendre de la vitesse à notre ambition tout en continuant d'exercer notre métier.

« À l'âge de seize ans, je voulais devenir réalisateur de télé, metteur en scène de cinéma *et* disc-jockey. Tout ça en même temps. Je crois que le désir de créer et de produire ne m'a jamais quitté. » Peu enclin à réfléchir sans agir, Stephen a roulé ses manches de chemise, il a étudié chacun de ces métiers et il s'est mis à évaluer ses aptitudes. Ses expériences lui ont beaucoup appris tout en l'amusant. Par exemple, quand il avait seize ans, ayant filmé avec un ami un concert de Todd Rundgren, il voulut le vendre à l'émission *In Concert* du réseau NBC. Mais tant qu'à faire carrière à la télé, mieux valait au sommet. Il parvint à obtenir un rendez-vous avec la haute direction. « Je me revois marchant vers la salle de conférence en tenant à la main le porte-documents de mon père qui ne renfermait que des chaussettes et des sous-vêtements propres pour le lendemain. Qu'ils achètent ou non ma vidéo me laissait presque indifférent ; tout ce qui comptait était l'immédiat : j'allais rencontrer le président de NBC. » Une autre fois, Stephen tenta de vendre une émission de cuisine à Viacom, une émission animée par Yulles Gibbons. « Chez Viacom, ils étaient très intéressés à Gibbons et nous étions sur le point de conclure le marché. Mais le vieux Yulles est mort, et cela a été fini ! »

Cette ténacité et ce sens de l'humour ont accompagné Stephen tout au long de sa carrière. Après avoir tâté de la production radiophonique et du travail de disc-jockey, sa passion pour la production dramatique l'orienta vers les boîtes de nuit. Bientôt, il dirigeait l'une des boîtes d'humour les plus réputées de Philadelphie où se produisaient des vedettes telles que Sandra Bernhard et Jerry Seinfeld. Il a ensuite mis sur pied une des meilleures agences de promotion de concerts rock, avec des poulains tels que Madonna et U2. Tout cela, bien avant de tirer parti de ses aptitudes à la négociation en les transposant dans les domaines du spectacle, du design et de la restauration !

« Avec le recul, je me dis que j'ai exercé mon métier, que ce soit dans le domaine de la musique, des salles de concerts, des boîtes de nuit, et aujourd'hui dans celui de la restauration. J'y mets de l'enthousiasme et je porte attention aux détails. Quand j'ai commencé à gérer des boîtes de nuit, je faisais tout : je rédigeais les annonces, j'engageais les comédiens, je négociais les contrats dans leurs moindres nuances. Cette même attention aux détails est au cœur de ce que je fais aujourd'hui. Au bout du compte, je m'approprie entièrement un métier. Jusqu'à présent, cela m'a beaucoup servi. »

Il ne suffit pas, pour exercer votre métier, de lui consacrer du temps et de l'énergie. Il faut aussi savoir cibler vos activités, ce qui nécessite une bonne dose de recherche et de préparation pour vous assurer que vos stratégies sont toujours justes et qu'elles produisent les meilleurs résultats possibles. Nous savons déjà que les recherches et la préparation de Mackie Shilstone sont très importantes lorsqu'il aide ses clients à améliorer leur rendement dans l'arène de boxe. Un tel engagement est indispensable, m'ont dit toutes les personnes que j'ai consultées dans la préparation de ce chapitre. Finalement, il n'y a pas de substitut à une bonne préparation et pas de raccourci à la recherche. Nous avons dit, dans le chapitre sur la Troisième loi, à quel point il importe de porter attention aux détails pour former une équipe efficace. Cette attention aux détails est tout aussi importante à l'étape de la force d'impulsion.

Stephen ignorait tout de la restauration quand il a ouvert ses établissements, mais il a appris son métier sur le tas et engagé des personnes d'expérience pour assurer la bonne marche des affaires. De plus, il continue chaque jour de voir à ses affaires. «Selon moi, il est très important de me rapprocher de la clientèle dans le domaine de la restauration. Il m'est arrivé une seule fois de ne pas tenir compte de cet important détail et le resto, qui pourtant semblait très prometteur, a fait faillite parce que ça n'allait pas du côté de la nourriture. Maintenant, je ne demande jamais aux serveurs combien ils ont vendu de biftecks. Cela m'importe peu. Ce que je veux savoir, c'est *pourquoi* les clients ont aimé ces biftecks. Quelle était leur plus grande qualité? Quand je prends le temps de poser ces questions, j'élabore déjà mentalement le prochain menu dans le but de plaire à cette clientèle.»

EJ Camp exerce son métier avec le même soin: «Quand vous entrez au studio avec en tête une idée formidable pour la séance de photo de telle ou telle vedette, il peut arriver que votre vedette jette votre merveilleux concept par la fenêtre. Si vous n'avez pas d'idée à proposer, qui, vous êtes à peu près certain, plaira à votre client, vous risquez de perdre patience, d'être paralysé dans votre créativité et, croyez-moi, votre séance de photos sera un désastre. J'ai toujours une petite banque d'idées en tête quand je me rends au studio, et je laisse toujours mon modèle me dire ce qui lui convient le mieux. Agir ainsi, c'est montrer que vous avez bien recherché votre sujet et que vous comprenez les subtilités de votre métier.

«Le jour où je devais prendre des photos de Tom Cruise pour l'affiche du film *Top Gun*, il est arrivé avant l'heure et bien avant Kelly McGillis. Il m'a expliqué gentiment que Kelly, qui est grande, était très consciente de sa taille, et il m'a demandé d'être particulièrement attentive à masquer la différence de grandeur entre eux. Bien entendu, quand elle est arrivée, elle portait de hauts talons aiguilles et j'ai compris que Tom Cruise avait prévu tous les aspects de la séance, y compris ce petit détail de la différence de taille entre Kelly et lui ! Il a pris la peine d'arriver tôt et de préparer efficacement le terrain pour que tout le monde fasse bonne figure. Il est ainsi jusque dans les plus petits détails. Après chaque séance de photos, il m'envoie une carte de remerciements et un petit cadeau. J'admire une telle attention, un tel souci de la perfection. »

FAITES CE QUE VOUS SAVEZ FAIRE DE MIEUX

De nombreux ambitionnistes, dont je fais partie, sont sensibles à la nouveauté, au changement, à la différence. Cette approche est importante à l'étape de la révélation et contribue à nous faire surmonter notre peur du risque lorsque vient le moment de prendre des décisions importantes. Mais lorsqu'on prend de la vitesse, il est parfois préférable de se contenter de faire ce à quoi l'on excelle.

Selon Mackie Shilstone, les athlètes ne doivent jamais perdre de vue les raisons qui les ont conduits dans les grandes ligues. « Ozzie Smith a été intronisé dans le temple de la renommée parce qu'il était le meilleur joueur inter de tous les temps. À trente ans, trois autres années de carrière lui suffisaient, mais je l'ai aidé à jouer encore pendant onze ans. Quand il est venu me trouver, ce qu'il voulait en réalité c'était se faire reconnaître comme frappeur. J'ai dit : "Qu'est-ce qui t'a valu ton contrat ?" Évidemment, c'étaient ses dons de joueur défensif. "Que dirais-tu si je faisais de toi un meilleur frappeur, mais que, par le fait même, tu perdais tes aptitudes au jeu défensif ?" Inutile de dire que nous nous sommes efforcés d'améliorer sa moyenne au bâton si bien que, chaque année par la suite il a gagné le trophée du gant doré, mais il n'a jamais cessé d'être le meilleur joueur inter qui soit. »

LA CRÉATION NARRATIVE ET LA LÉGENDE SONT VOS ALLIÉES

Tant pour les individus que pour les entreprises, la création narrative et la légende sont des ingrédients presque magiques de la force d'impulsion. Un article paru récemment dans *Fast Company* rend compte de l'importance du bouche à oreille : « Quel bruit fait un pays qui remet en question le sens de la réussite et la valeur de l'argent ? Aux dires d'Ed Keller et de John Berry, respectivement chef de la direction et directeur de la recherche chez Roper ASW, ce bruit est celui des conversations entre pairs et non pas celui des slogans publicitaires de Madison Avenue ou des pratiques de placement de Wall Street. De plus en plus, ces analystes de l'opinion affirment que les commentaires les plus importants sont ceux qui sont transmis d'un individu à l'autre, par-dessus la clôture du jardin ou par Internet. »

Dans son ouvrage intitulé *Le Point de bascule : Comment faire une grande différence avec de très petites choses*, Malcolm Gladwell aborde, entre autres sujets, l'importance des rumeurs et ce qu'il appelle l'« adhésivité » d'un produit ou d'un service. En guise d'exemple, il mentionne le regain de popularité des chaussures Hush Puppy. En 1994-1995, Wolverine, le fabricant de chaussures Hush Puppy, allait discontinuer la production des chaussures qui l'avaient rendu célèbre quand survint un développement inattendu : les piliers des boîtes de nuit de Manhattan s'entichèrent des chaussures Hush Puppy. Des stylistes aussi influents qu'Isaac Mizrahi et Anna Sui les réclamèrent et contribuèrent ainsi à la nouvelle popularité de ces humbles souliers. En 1995, Wolverine vendit 430 000 paires du modèle classique Hush Puppy. L'année suivante, ces ventes quadruplèrent et l'année d'après elles furent encore plus volumineuses. Ça, ainsi que le signale Gladwell, c'est ce qu'on appelle de la légende en mouvement.

Le célèbre film d'horreur à petit budget, *The Blairwitch Project*, est un autre exemple de la manière dont le mythe et la légende peuvent contribuer à la force d'impulsion d'une entreprise. Réalisé par trois étudiants, ce film indépendant a délié plus de langues que n'importe quel film d'horreur jamais produit. Avant même sa première, il avait entraîné la création de plus de vingt sites Internet, une liste de distribution, une liste circulaire, un groupe de discussion et d'innombrables commentaires enthousiastes sur le site très recherché Ain't It Cool News. Les producteurs du film avaient axé leurs activités de promotion sur une mise en marché Internet en chargeant leurs amis et leurs collègues de lancer des sites Web et de gérer systématiquement le bouche à oreille. Il n'est pas clair encore si l'équipe a fait de la mise en marché virtuelle trompeuse pour générer de faux comptes rendus, mais il est clair que *The Blair Witch Project* est un des premiers exemples concrets de création narrative multimédia.

Lorsqu'on parle de création narrative dans le domaine de l'alimentation et de l'amélioration du rendement sportif, rien ne vaut le bouche à oreille et la promotion des produits par les athlètes. Mais les nouveaux venus n'ont pas facilement accès à de tels appuis. G-Push, une petite entreprise britannique spécialisée dans les boissons réhydratantes, arrivée sur le marché en janvier 2000, est un exemple typique de ce fait. L'entreprise ayant mis au point des produits à base d'un nouveau type de glucide, le galactose, et démontré, tests à l'appui, que ces produits pouvaient accroître l'énergie physique des athlètes et contribuer à leur maintien, elle s'employa à construire sa réputation par des témoignages directs d'athlètes ayant consommé ses produits lors de courses et de compétitions spécifiques.

Le bouche à oreille peut très bien dynamiser la force d'impulsion d'un produit, d'une entreprise ou d'un individu à des moments importants de son développement. Au bout du compte, le mythe perdure souvent et la fable motive le public.

Lorsque Chris McCormack, l'un des meilleurs triathloniens au monde, perdit le championnat mondial Iron Man de 2002 à Hawaii, il affirma que son alimentation était en partie responsable de cet échec et qu'il allait remédier à la situation avant la course de 2003. Ainsi qu'on put le lire sur le site Web de G-Push, voici quel fut le message de McCormack aux autres athlètes : « Que puis-je encore dire de G-Push que je n'ai déjà dit ? Cette boisson réhydratante est la seule que je consommerai dorénavant. [...] J'en ai toujours avec moi quand je participe à une compétition. Les résultats sont éloquents. Je suis sincère quand je dis que, si vos concurrents utilisent G-Push mais pas vous, vos concurrents ont une bonne longueur d'avance. »

Un simple appui de cet ordre qui cible un public aussi spécialisé que les athlètes professionnels et amateurs et qui concurrence des géants de l'industrie aux ressources quasi illimitées, voilà la clé qui inspirera confiance en votre produit et qui témoignera du pouvoir inestimable de la création narrative.

Le bouche à oreille peut très bien dynamiser la force d'impulsion d'un produit, d'une entreprise ou d'un individu à des moments charnières de son développement. Au bout du compte, le mythe perdure souvent et la fable motive le public. Les conversations ordinaires mais très convoitées que relatait *Fast Company* contribuent de façon inestimable à la mise en marché d'un produit. Les personnes qui savent tirer parti de tels outils ont une bonne longueur d'avance lorsqu'il s'agit de donner de l'élan à leurs produits, leurs services ou leur carrière.

*

Le développement de la force d'impulsion obéit à une suite naturelle de stratégies. Avant tout, les ambitionnistes se préparent mentalement à saisir les occasions qui se présentent. Ils se concentrent ensuite sur l'instant présent et perfectionnent leur stratégie en prévoyant le jeu de leurs adversaires. Quand le moment est venu pour eux de foncer en territoire inconnu, ils montrent leurs cartes et tirent parti de leurs aptitudes pour passer d'une occasion favorable à une autre. Les ambitionnistes minimisent les risques en continuant d'exercer leur métier et en s'intéressant aux détails de façon à exploiter leurs possibilités au maximum. En recourant à la création narrative, ils se rappellent qui ils sont et ce qu'ils ont accompli à ce jour, et ils le signalent aux autres. Ainsi, leur historique et leur bagage d'expériences contribuent à dynamiser leur force d'impulsion. Une fois ces stratégies bien en place, les ambitionnistes peuvent passer à la deuxième phase de la force d'impulsion.

Le maintien de l'impulsion

Le passage de l'accélération au maintien de la force d'impulsion est à peu de choses près le même que celui de la révélation à la focalisation. Une disponibilité à structure libre cède le pas à un processus plus concentré et plus rigoureux pour la simple raison que le maintien de l'impulsion nécessite un certain élagage et quelques aménagements. Examinons cela de plus près.

Apprenez à élaguer

À leurs débuts dans le design, George Yabu et Glenn Pushelberg acceptaient tous les contrats qui passaient à leur portée. « Nous étions avides de concevoir des intérieurs, qu'il s'agisse d'un service de photocopie ou d'une chaîne de magasins de chaussures. Nous avons pu survivre plutôt bien et même financer ainsi un ou deux petits projets haut de gamme que nous avions vraiment envie de faire mais qui ne nous rapportaient rien.

« Nous avons toujours été curieux et nous avons toujours eu peur de nous ennuyer. Finalement, ce sont précisément cette curiosité et cette peur de la routine qui nous ont forcés à réévaluer notre vitesse de croisière et à nous arrêter tout juste assez longtemps pour voir que par l'instauration de certains changements et une orientation nouvelle nous éviterions de nous enliser dans la médiocrité. Nous ne souhaitions pas du tout être médiocres. »

George et Glenn ont progressivement abandonné les clients qui ne correspondaient plus à leurs objectifs de stylique haut de gamme pour se concentrer sur ceux qui étaient aptes à orienter leur talent vers des projets précis où ils pourraient devenir des

« sociologues du design » — autrement dit, où ils pourraient s'accorder aux émotions du client et à son utilisation de l'espace au lieu de réagir servilement aux modes passagères. « Nous savons élaguer notre travail. Nous le nettoyons de tout ce qui est excessif. Cette attitude se traduit par une plus grande longévité des milieux de vie que nous créons. En d'autres termes, nos conceptions d'intérieur durent plus longtemps que le bail du client et contribuent au maintien de notre force d'impulsion. »

Ainsi que le reflète la stratégie de Yabu Pushelberg, vous ne devez pas vous contenter d'élaguer votre bassin de clients mais aussi veiller à raffiner vos projets eux-mêmes. En un certain sens, vous devez créer un tapis roulant d'idées et faire en sorte que ces idées s'harmonisent au calibre de vos clients et aux occasions que vous saisissez. Au lieu d'un élan qui s'exerce sans discernement, votre force d'impulsion sera renouvelable et éclairée.

La notion d'élagage de Jerry Mitchell se reflète dans les projets de collaboration qu'il entreprend. Au moment où sa carrière se hissait vers les plus hauts sommets, il connut de lourdes pertes personnelles quand quelques-uns de ses amis furent victimes du sida. Au fil des ans, il consacra une très grande partie de son temps à des levées de fonds pour des organismes tels que Broadway Cares et Broadway Equity Fights AIDS. Tandis qu'il collaborait à la production du spectacle de Broadway *Will Rogers Follies*, on lui proposa de chorégraphier un numéro de danse dans le but de solliciter des fonds au profit de Broadway Cares. Ainsi, pour pouvoir venir en aide aux autres, il participa avec cinq danseurs au numéro qu'il avait chorégraphié et réussit en un soir à recueillir 8000 $. Fort de ce succès, il ajouta des danseuses au groupe et sa petite troupe de dix-huit danseurs et danseuses réunit la jolie somme de 18 000 $. Broadway Cares en vint à coproduire le spectacle de Jerry et, en 2002, douze ans après la première soirée bénéfice, la troupe recueillait 400 000 $ en un soir grâce à l'appui d'individus tels Jerry et les 185 danseurs de la compagnie.

« J'ai pu ainsi participer à une levée de fonds extrêmement importante avec certains des meilleurs danseurs de New York. En même temps, j'ai créé gratuitement des chorégraphies qui m'ont fait connaître. J'imagine que cela correspond à votre notion d'« exercice du métier. » En fait, c'est ainsi qu'on en est venu à m'offrir de chorégraphier *The Full Monty*, puis *The Rocky Horror Show* et ainsi de suite. Depuis ce temps, je suis très conscient de l'importance de la collaboration. Je n'aurais pas pu maintenir seul ma vitesse de croisière. J'ai appris à collaborer avec d'autres, à travailler à leurs côtés et à faire en sorte que la qualité du spectacle ne soit jamais compromise parce que je devais gagner ma vie ailleurs. Aujourd'hui, mes responsabilités de bénévole m'amènent à travailler avec de nombreux chorégraphes. Plus jeune, je m'efforçais de tout faire seul. L'ambitionniste que je suis aujourd'hui, qui a acquis une plus grande maturité, sait à quel point il importe de ralentir et de savourer le pouvoir et les joies de la collaboration. »

EFFORCEZ-VOUS D'ÊTRE À L'AVANT-GARDE

Pour maintenir votre force d'impulsion, il est indispensable que vous sachiez affronter proactivement la concurrence sans dilapider votre énergie. Quel que soit votre domaine, l'information que vous accumulez ainsi suffit à vous donner une longueur d'avance. Dans le domaine de la création, la concurrence la plus féroce provient des imitateurs, de ceux qui copient nos produits et nos services et les offrent pour beaucoup moins cher. Qu'il s'agisse des tissus que dessine Tricia Guild, des produits que crée Karim Rashid ou des espaces que Yabu Pushelberg conçoit, il y a toujours des concurrents qui tentent d'imiter l'excellence et qui cherchent à leurrer des clients qui ne se doutent de rien.

Pour maintenir votre force d'impulsion, il est indispensable que vous sachiez affronter proactivement la

> concurrence sans dilapider votre énergie. **Quel que soit votre domaine, l'information que vous accumulez ainsi suffit à vous donner une longueur d'avance.**

Dans toutes les industries qui reposent sur l'interprétation et la créativité, les mêmes obstacles surgissent, notamment dans la mise en marché et la publicité, la production de films et d'émissions de télévision, ou la consultation sous toutes ses formes. Ces domaines regorgent de novices qui affirment pouvoir créer un produit équivalent pour beaucoup moins cher et seuls les clients bien informés sont en mesure de distinguer entre la qualité d'un produit ou d'un service et celle de son concurrent. Les ambitionnistes qui se donnent la peine d'apprendre à leur clientèle à reconnaître la qualité d'un produit ou d'un service restent en tête du peloton en démontrant à leurs clients qu'il n'est pas toujours sage de baser leur achat sur le prix le plus bas demandé. Ce faisant, ils renforcent souvent leur relation d'affaires en étant pour leur clientèle une source fiable d'information dans une industrie où règnent la rapidité et la confusion.

L'un des meilleurs moyens à notre disposition pour désamorcer ces obstacles potentiels consiste à surprendre et séduire la clientèle — et à désarmer les concurrents — en ciblant de façon encore plus inattendue votre champ d'activités. Yabu Pushelberg est toujours à l'avant-garde du design et se repositionne sans cesse de manière à surprendre le marché. Compte tenu des éloges dont les ont bombardés leurs pairs pour leurs réalisations chez Tiffany & Co. et Bergdorf Goodman, on a cru que les deux stylistes se spécialiseraient dans le commerce de détail, mais ils ont plutôt tiré parti de leur expertise en concevant le design d'hôtels et de centres de villégiature pour des clients tels que les Starwood Hotels & Resorts. Ces projets leur ont valu tout naturellement d'autres contrats de design dans l'hôtellerie, en allant des hôtels W de New York jusqu'à des collaborations avec, entre autres, Four Seasons Hotels and

Resorts, Hyatt International et MGM. Leurs pairs et leurs associés en ont aussitôt conclu qu'ils axent maintenant leurs services sur l'hôtellerie… mais ils envisagent de conserver leur avance en se repositionnant à nouveau dans quelque temps.

« Nous aimons travailler dans le domaine de l'hôtellerie, dit Glenn, mais nous ne tenons pas à être connus uniquement comme les stylistes des hôtels W. Il est donc très important pour nous de protéger notre image de marque dans la planification de notre prochaine stratégie. Notre but est de concevoir des espaces fabuleux partout dans le monde. Nous faisons ainsi en sorte que notre travail soit toujours à l'avant-garde, nouveau et inattendu. »

Ayez toujours un peu de recul

Être « sur son élan », ainsi que le décrit Hilary Brown, suppose un certain dynamisme et une vitesse qui échappe quelque peu à notre contrôle. Il n'est pas facile de s'arrêter : cela équivaudrait à avoir la tête dans les nuages tout en se laissant porter par les rouleaux des vagues sur une planche de surf ; on risque de perdre et notre équilibre et notre impulsion. Quand les ambitionnistes entrent dans la phase du maintien de cette impulsion, c'est leur aptitude à *ne pas* se laisser emporter par leur élan qui leur permet de faire des choix judicieux. Si les ambitionnistes doivent raisonner comme un spéculateur (Deuxième loi) et savoir quand renoncer à un marché qui échouera inévitablement, ils doivent aussi savoir quand prendre le recul nécessaire et régulariser leur force d'impulsion.

La « gestion du rendement » est le meilleur outil qui soit pour nous aider à évaluer ce nouveau positionnement. Si vous furetez dans la section affaires de votre librairie, vous trouverez quantité d'ouvrages récents sur la gestion du rendement personnel et professionnel. La clé consiste à varier votre vitesse de travail et la durée des périodes de récupération dont vous avez besoin pour demeurer efficace. Que vous soyez un athlète professionnel qui se prépare pour une compétition ou un vendeur qui s'efforce d'améliorer son prochain trimestre dans un marché difficile, toute la différence réside dans votre aptitude à gérer votre rendement et à prendre le recul nécessaire.

Un conseil utile nous vient de Mackie Shilstone : « Jouez comme une nouvelle recrue, mais agissez comme un pro. » Ce qui signifie : « La nouvelle recrue se dépense sans compter pendant les pratiques ; elle donne tout ce qu'elle a. Quand l'entraînement prend fin, elle doit récupérer afin d'avoir l'énergie nécessaire pour recommencer le lendemain. Le pro concentre toute son énergie sur ce qu'il sait faire de mieux. À la fin de la période d'entraînement, il joue une partie de golf avec ses copains tout en sachant qu'il aura assez d'énergie pour donner le meilleur de lui-même le lendemain. La nouvelle recrue est immensément dynamique, mais elle ne sait pas très bien se rendre de A à B. Le pro, quant à lui, sait se rendre de A à B en dépensant le moins d'énergie possible. C'est ce qui fait toute la différence. »

Stephen Starr se dépensait comme une nouvelle recrue dans tout ce qu'il faisait. Mais un jour il est devenu le pro qui engageait des spécialistes, qui mettait en place toutes les pièces du jeu et qui limitait sa participation active au domaine dans lequel il excellait. De même, EJ ne dilapida pas son énergie dans la peinture puisqu'elle savait que la photographie lui convenait davantage, et elle ne persista pas à faire de la photo de mode quand elle se sentit prête à passer à autre chose. Autrement dit, à chacun de ses passages, elle a agi comme une pro en régularisant sa vitesse de croisière.

Prendre un certain recul ne signifie pas devenir indifférent à votre carrière, à votre entreprise ou à votre concept. Prendre un certain recul vous permet d'adopter avec confiance le rythme qui vous convient. Les gens d'affaires voient souvent dans cette aptitude un indice de réussite. Dans leur analyse de nouvelles compagnies, par exemple, les investisseurs potentiels sont parfois tout aussi curieux des méthodes de négociation des chefs d'entreprise que de leurs plans d'affaires et de leurs présentations. Les investisseurs mettent même parfois des bâtons dans les roues de ces directeurs d'entreprise dans le seul but de les voir réagir sous pression aux éléments de surprise et à l'incertitude. Si ces cadres supérieurs ont appris à maîtriser l'art du détachement, ils sont capables de prendre un certain recul et de conserver leur objectivité dans les négociations. En d'autres termes, ils régularisent consciemment leur force d'impulsion pour ne pas effaroucher les investisseurs par une dépense excessive d'énergie qui pourrait être perçue comme un excès de zèle.

Voici ce que raconte un agent d'immeubles : « Nous avions acheté et construit deux ou trois restaurants pour un investisseur de prestige qui devint extrêmement prospère. Quand il nous offrit de développer une quatrième propriété, j'ai dû me retirer un peu pour savoir si mon entreprise devrait ou non s'engager une fois de plus avec le même investisseur. Bien que notre collaboration ait été agréable, nous avons jugé préférable de décliner son offre car nous désirions enrichir notre portefeuille de développements en préparation de la croissance internationale que nous envisagions de réaliser. Bien sûr, nous aurions pu mettre la main à court terme sur un projet extrêmement rentable, mais en conservant "un certain recul", comme vous dites, nous avons été capables de prendre la décision qui, à long terme, s'est révélée la plus sage. »

L'impulsion renouvelée

Robert Cushing a dit : « Si j'avance, suivez-moi. Si je m'arrête, poussez-moi. Si je tombe, inspirez-moi. » Ces mots représentent le fondement de la troisième stratégie. Vos ventes connaissent un creux ? Votre CV ne suscite pas la réaction souhaitée ? Vos clients les plus fiables sont soudain invisibles et muets ? C'est normal : toute entreprise connaît des moments de stagnation. Voyons ce que font les ambitionnistes pour faire redémarrer les choses quand elles sont au point mort.

Lorsque les attentats terroristes du 11 septembre 2001 vinrent freiner la carrière d'EJ Camp, elle dut se trouver une source d'inspiration. Curieusement, au lieu de se tourner vers ses meilleurs travaux pour se remonter le moral, elle choisit d'examiner de plus près ses plus mauvaises photos. « En me forçant à regarder mes rejets, tout ce que les clients n'avaient pas aimé, j'ai pu déceler certaines constantes, des courants, et découvrir des embryons d'idées qui ne s'étaient pas encore développées, qui n'avaient pas encore été efficacement mises en œuvre, mais dont le noyau d'inspiration était susceptible de me pousser vers la prochaine étape de ma carrière. Cela a exigé de moi beaucoup de travail, mais j'ai fait un grand pas en avant. » Grâce à ces rejets, EJ a mis sur pied une toute nouvelle campagne de promotion.

Ranger vos « échecs » dans une chemise spéciale, qu'il s'agisse de projets, de concepts, de propositions ou d'idées qui n'ont pas été bien reçues, est une excellente façon de renouveler votre force d'impulsion. Vous pourriez y découvrir une nouvelle façon de mettre vos aptitudes en évidence ou le déclencheur d'une nouvelle stratégie.

LA TRACTION

L'impulsion se compose d'énergie et de mouvement. Nul n'ignore qu'il est beaucoup plus facile de passer de 80 à 150 kilomètres/heure que de passer de l'arrêt total à 150 kilomètres/heure. Il arrive parfois que votre immobilité soit due à des forces extérieures : repli boursier ou crise économique mondiale. Mais il arrive aussi que vous soyez vous-même votre pire ennemi. Vous cédez à une certaine complaisance et avant même de vous en rendre compte, vous voilà en plein hiatus. Pour rester sur le qui-vive, faites intervenir en toute conscience dans votre scénario un certain conflit ou désaccord. C'est ce que les ambitionnistes appellent « la traction ».

Par exemple, Stephen Starr a toujours intégré une certaine force de traction dans ses stratégies. Depuis son tout premier grand succès, le Continental Restaurant, conçu autour du thème du « Rat Pack[2] », jusqu'au Buddakan Restaurant avec son décor sophistiqué et sa cuisine asiatique avant-gardiste, Stephen a toujours été conscient de la nécessité d'une certaine tension entre plusieurs éléments. Dans chaque cas, il a su décoder ce que sa clientèle jugeait agréable, raffiné ou réconfortant afin d'en faire le point focal de ses restaurants. Ce faisant, il a toujours su capter l'attention de sa clientèle cible.

Lorsqu'un ambitionniste détecte un creux dans l'activité, l'introduction consciente d'une source de tension lui sert de nouveau tremplin. Il reprend aussitôt le contrôle de la situation et peut pro-activement renouveler sa force d'impulsion, enclenchant ainsi un nouveau cycle de mouvement.

Le mot de la fin

De toutes les lois de l'ambition, la Quatrième loi est sans doute celle qui montre le mieux à quel point le parcours de l'ambition doit être géré sans relâche et constamment redéfini. En appliquant des tactiques précises à l'élaboration, au maintien et au renouvellement de la force d'impulsion, les ambitionnistes apprennent à gérer leur réussite en régulant son rythme et sa vitesse. Les stratégies dont il est ici question détermineront ceux des ambitionnistes qui sauront connaître des succès répétés et tirer parti de leur nouveau savoir pour progresser encore davantage.

Lorsqu'un ambitionniste détecte un creux dans l'activité, l'introduction consciente d'une source de tension lui sert de nouveau tremplin. Il reprend aussitôt le contrôle de la

---

2. Surnom que se donnaient Frank Sinatra, Dean Martin et Sammy Davis Jr. dans leurs spectacles à Las Vegas.

situation et peut proactivement renouveler sa force d'impulsion, enclenchant ainsi un nouveau cycle de mouvement.

Lorsque je me suis entretenue avec Jerry Mitchell aux studios de répétition Duke dans la 42ᵉ rue à New York, il répétait le *Gypsy Rose* de Sam Mendes. Tandis que peu à peu les actrices, les assistants chorégraphes et les musiciens entraient dans le studio, je lui ai posé ma dernière question : « Comment décririez-vous votre parcours jusqu'à présent ? » À ce moment précis, le régisseur de plateau lui demanda s'il était prêt à commencer la répétition. Il répondit : « Oui. J'arrive tout de suite. » Puis il se tourna vers moi et dit : « Est-ce que ça répond à votre question ? »

Sa remarque résumait vraiment la force d'impulsion. Aux yeux des autres, Jerry « avait réussi, il était arrivé ». Mais il était encore en route, en train de rassembler ses forces pour la prochaine étape de son ambitieux parcours.

CINQUIÈME LOI

L'équilibre

*On dirait bien que tout le monde est toujours
luxueusement mal en point.*
Six degrees of separation

Quand on demanda à John Paul Getty « Combien d'argent vous suffirait ? » il répondit « Encore un petit peu ». Certains seuils de réussite suscitent de telles questions. Jusqu'où aller ? Et selon quels critères ? Pour répondre à ces interrogations il faut très bien se connaître et jouir d'un certain équilibre. Ne pas se les poser risque de favoriser l'extrémisme et d'entraîner notre chute.

Avant d'examiner les tendances négatives toujours possibles et les tactiques qui permettent de les éviter, voyons un peu comment la société actuelle, axée sur le travail, affecte les individus et les entreprises tant en Amérique du Nord que dans le reste du monde.

Selon le *Globe and Mail*, une enquête réalisée en 2001 dans le but d'étudier le rapport conflictuel entre vie professionnelle et vie privée (la National Work-Life Conflict Study) a montré que « 25 p. 100 des Canadiens avaient travaillé en moyenne 50 heures par semaine en 2001, une augmentation importante comparé à dix ans plus tôt, quand seuls 10 p. 100 des travailleurs avaient déclaré consacrer autant de temps à leur vie professionnelle. » De même, selon un rapport du Conference Board du Canada préparé en 1999 : « Près de la moitié des Canadiens subissent un niveau de stress modéré à élevé dans leurs efforts pour équilibrer leur vie professionnelle et leur vie personnelle. Dix ans plus tôt, 27 p. 100 seulement de la population active faisait face à un tel conflit.» Le rapport souligne aussi que « 60 p. 100 des sujets avouent ne pas avoir suffisamment de temps à consacrer à leur vie personnelle».

Ce stress contribue à l'augmentation des dépenses reliées aux soins de santé et freine la productivité des individus et des entreprises. Dans son ouvrage publié en 2002 intitulé *The New Culture of Desire : Five Radical New Strategies That Will Change Your Business and Your Life*, Melinda Davis note que les Centers for Disease Control and Prevention des États-Unis (Centres pour le contrôle et la prévention des maladies) «affirment catégoriquement que 80 p. 100 des dépenses reliées aux soins de santé sont dues au stress. [...] 70 p. 100 des Américains déclarent subir un stress élevé à modéré au travail et ce stress a poussé un Américain sur quatre [...] à perdre le contrôle, à hausser le ton et à crier. Pas moins de 98 p. 100 des Américains croient que le stress peut rendre malade, que le stress peut tuer. La "rage" est maintenant la deuxième cause de décès en milieu de travail.»

Le stress en milieu de travail et les maladies dues au stress ne se limitent pas à l'Amérique du Nord. Un rapport de l'Organisation internationale du Travail cite les statistiques suivantes :

• En Finlande, plus de 50 p. 100 de la main-d'œuvre est affectée par des symptômes dus au stress, notamment l'anxiété, les troubles dépressifs, la douleur physique, l'exclusion sociale ou les troubles du sommeil.

• En Pologne, les statistiques en santé publique indiquent qu'un nombre croissant de personnes — en particulier les individus atteints de troubles dépressifs, reçoivent des soins de santé mentale, et cette tendance est associée aux transformations socioéconomiques nationales, à l'augmentation subséquente du taux de chômage, à l'insécurité d'emploi et à une baisse du niveau de vie.

Les coûts d'un pareil « déséquilibre » — c'est le moins qu'on puisse dire — sont astronomiques. Aux États-Unis, la dépression clinique est l'une des affections les plus répandues ; chaque année, elle affecte un adulte sur dix en âge de travailler et se traduit par une perte d'environ 200 millions de journées de travail. Selon le rapport de l'Organisation internationale du Travail, dans n'importe quel pays de l'Union européenne les dépenses reliées à la santé mentale comptent pour 3 à 4 p. 100 du produit national brut (PNB). Dans de nombreux pays, les retraites anticipées dues à des troubles de santé mentale augmentent au point où ces problèmes sont devenus la première justification des prestations d'invalidité.

« Le principal impératif du comportement humain est l'autoconservation, mais cette pulsion s'oriente maintenant moins vers la vie extérieure que vers la vie intérieure. »

Compte tenu de ces statistiques peu réjouissantes, il n'y a pas lieu de s'étonner si les moyens de soulager le stress représentent la plus importante sous-catégorie de l'industrie du livre de développement personnel, industrie dont la valeur annuelle se chiffre à un milliard de dollars US, ainsi que l'indique le rapport de recherche cité pat Melinda Davis : « Le principal impératif du comportement humain est l'autoconservation, mais cette pulsion s'oriente maintenant moins vers la vie extérieure que vers la vie intérieure, [...] une vie familiale sécuritaire et heureuse, la paix de l'esprit sont parmi les premières de nos aspirations, ayant déclassé la résidence de prestige, les voitures et les plus récents gadgets électroniques. » Davis poursuit en citant une étude menée aux États-Unis par le Next Group. Selon cette étude, 76 p. 100 des sujets affirment que la maladie ou l'incapacité mentale — la leur ou celle de quelqu'un d'autre — est la plus grande menace à leur sécurité future, et 64 p. 100 des gens soulignent que leur « état d'esprit » est l'une de leurs préoccupations majeures.

Il n'est pas étonnant que, comme un grand nombre de mes pairs et de mes collègues, j'aie passé les premiers douze ans de ma carrière à chercher à moduler vie personnelle et vie professionnelle. En jonglant avec mes responsabilités d'écrivain, de conférencière et d'entrepreneuse, je fais encore face à des problèmes d'équilibre, mais j'ai pu rassembler dernièrement un trésor de tactiques et de stratégies mises au point par mes clients et mes lecteurs. En réalisant les quelque trente entretiens qui ont servi de base au présent ouvrage, j'ai eu l'heureuse surprise de constater que la plupart des suggestions les plus appropriées provenaient d'individus travaillant dans certains des domaines les plus exigeants, notamment le journalisme et les arts de la scène. J'espère pouvoir rendre justice à leurs propos éclairés.

Comment savoir jusqu'où aller

J'ai lu tous les livres de Po Bronson et souvent approuvé ses déclarations, puisque j'avais vécu plusieurs des expériences qu'il relate dans des livres tels que *Bombardiers, The First $20 Million Is Always the Hardest,* et *The Nudist on the Late Shift — And Other True Tales of Silicon Valley.* Son plus récent best-seller, *Que faire de ma vie ?* témoigne d'un important changement de point de vue et de style. Dans ses premiers livres, il se penchait sur les puissants millionnaires de l'informatique, tandis que celui-ci rassemble des entretiens avec des centaines d'individus de toutes les couches de la société au sujet du parcours inspirant qu'ils ont accompli pour répondre à l'appel de leur vocation. J'ai d'abord demandé à Po si une vie équilibrée était possible. Voici sa réponse : « Je proviens d'un milieu techno où l'on est d'avis que ce qui mérite d'être fait mérite d'être fait tout le temps. [...] Notre maxime était "Fais ce que tu as à faire et laisse ta vie se déséquilibrer avec passion." C'était, si l'on veut, le but avoué, tandis que le but non avoué était d'amalgamer les affaires et l'intensité. Au bout du compte, il est très naïf de croire à la viabilité de ces objectifs. Quand tout va bien, ça fonctionne, mais quand tout va mal, c'est une philosophie de vie extrêmement explosive. »

J'étais bien placée pour le savoir. Si vous souhaitez empêcher un tel déséquilibre, vous devez prendre conscience de deux réalités : premièrement, en joignant les rangs des ambitieux, vous courez le risque que d'autres exploitent vos faiblesses. Par exemple, les personnes portées à trop boire ou à trop manger ne savent pas toujours s'arrêter. Ensuite, on trouve chez les ambitionnistes d'innombrables degrés de passion et de réussite. C'est aux limites extrêmes de cette courbe que s'ouvrent les pires gouffres. Les trois plus grandes menaces à l'équilibre sont, dans l'ordre, la dépendance, la désaffection et l'isolement. Curieusement, c'est en phase ascendante, quand leur force d'impulsion est à son maximum, que les gens sont les plus vulnérables à ces déséquilibres — que l'on pourrait qualifier d'« angles sourds. »

Voici un résumé des stratégies que vous devrez mettre en œuvre pour contrecarrer chacun de ces angles sourds potentiels.

Évitez la dépendance. La pire dépendance que risque l'ambitionniste est, bien entendu, la dépendance à l'ambition. Curieusement, vous pouvez contrecarrer cette tendance en accordant une plus grande importance à d'autres aspects de votre vie : la famille, le bénévolat, vos amis — car l'ensemble des responsabilités associées à ces différents aspects de votre vie vous obligeront à composer avec toutes leurs variables. L'étape suivante consiste à préparer un plan croisé qui tiendra compte de votre vie postérieure à la carrière et qui vous empêchera de devenir l'esclave de la prospérité due à votre situation actuelle. Enfin, les ambitionnistes examinent sans cesse leurs décisions pour être bien certains qu'ils ne se laissent pas séduire par les gains à court terme.

Évitez la désaffection. Lorsque la réussite occupe le centre de notre univers, le risque est grand de se croire invincible. Résultat, on peut se détacher des personnes qui ne sont pas immédiatement utiles ou nécessaires à notre succès. Les ambitionnistes se gardent des détournements d'affection en faisant en sorte que leurs expériences modèlent leur définition de la réussite, en se dévouant à l'entreprise qui les emploie, en faisant un effort conscient pour se rapprocher des autres et en reconnaissant que le sacrifice est un élément de l'équilibre qu'ils recherchent.

Évitez l'isolement. La dépendance conduit à la désaffection et, si l'on n'y prend pas garde, celle-ci débouche souvent sur l'isolement. Ce mécanisme d'adaptation inefficace met fin efficacement aux distractions et aux influences extérieures, mais nous prive du recul nécessaire quand il s'agit de surmonter des obstacles particulièrement difficiles. Les ambitionnistes imaginent des solutions pour répartir équitablement leur énergie personnelle et professionnelle, pour élargir leurs horizons au-delà du train-train quotidien, et pour identifier une personne qui puisse leur venir en aide quand ils se rendent compte qu'ils manquent d'objectivité.

Ces angles sourds peuvent sembler très étrangers à votre univers. Mais comme toutes les tendances négatives, ils ont la fâcheuse manie de nous prendre de vitesse. C'est seulement en sachant les reconnaître à distance et en appliquant certaines stratégies proactives qu'il est possible de contrecarrer leurs effets parfois destructeurs.

Évitez la dépendance

Quand on a atteint sa vitesse de croisière la réussite est parfois très enivrante, et c'est ce qui explique pourquoi la dépendance à l'ambition est aujourd'hui si répandue. À quels signes la reconnaît-on ? Que vous soyez un chef d'entreprise de la région, une célébrité ou un professionnel en début de carrière, le symptôme le plus évident consiste à vous prendre trop au sérieux ! Les thérapeutes, les conseillers d'orientation professionnelle et les guides personnels vous diront tous que certaines personnes croient jouer un rôle exagérément important dans leur entreprise ou dans leur domaine. Un autre symptôme courant est l'« angoisse de la rupture de communication » : le sujet qui est séparé de son téléphone cellulaire ou de son BlackBerry devient si anxieux qu'il ne peut rien faire d'autre que s'inquiéter. Ces individus se croient si indispensables à leur entreprise ou à leur organisation qu'ils ne parviennent pas à se dissocier de leur travail. Une telle dépendance est extrêmement difficile à surmonter.

La dépendance à l'ambition prend forme quand la réussite enivre à ce point une personne qu'elle ne sait plus s'arrêter, réfléchir et prendre du recul. En voici un exemple : dans les années 1950, une société immobilière compléta la construction de mille édifices en un temps record. Cette entreprise fut la première société immobilière canadienne à entrer à la bourse de New York (NYSE). Tout allait bien et le cours de l'action montait, mais l'entreprise négligeait certains aspects de son administration. Les médias s'acharnèrent bientôt dessus et, à l'incitation d'entreprises concurrentes, la Société des valeurs mobilières des États-Unis fit enquête. J'ai demandé à l'un des fondateurs de cette société pourquoi il n'avait pas mis fin plus tôt à leurs pratiques douteuses. Sa réponse ? « Parce que nous étions au septième ciel et que rien ne peut se comparer à cela. »

Voici comment combattre la dépendance avant qu'elle n'ait raison de vous :

AUGMENTEZ LA MISE

Lorsqu'on pense « diva », on ne pense pas « équilibre. » Mais en ce qui concerne la chanteuse d'opéra australienne Cheryl Barker, de réputation internationale, l'équilibre est non seulement prioritaire, il est indispensable à sa survie. Cheryl a chanté des rôles de soprano pour les plus grandes compagnies d'opéra du monde, y compris l'English National Opera, le Scottish Opera, le Vancouver Opera, le De Vlaamse Opera et le Deutsche Opera Berlin. Au cours d'un de mes séjours à Londres, j'ai eu la chance de pouvoir bavarder un peu avec Cheryl juste avant qu'elle n'interprète le rôle-titre de l'opéra de Puccini, *Tosca*, avec l'English National Opera. J'ai pu constater qu'en dépit de son statut de diva, Cheryl est très concentrée et aborde sa carrière avec un esprit pratique.

« Ma carrière s'est construite petit à petit. Ça ne s'est pas passé du jour au lendemain, si bien que j'ai eu tout le temps voulu pour observer les autres et voir comment ils géraient leur réussite. L'un des pires dangers, il me semble, est d'ignorer tout le reste, de tout sacrifier à la carrière. Songeons seulement à Maria Callas, dont la vie manquait douloureusement d'équilibre. [...] Dans le monde de l'opéra, la carrière des chanteurs est courte ; je crois que nous devons centrer notre attention sur la ligne d'arrivée et sur ce que nous ferons après, quand la carrière nous aura abandonnés. Tant de chanteurs ont sacrifié leur vie de famille, et ils se retrouvent seuls à cinquante ans, sans famille ni métier. C'est difficile, mais je crois qu'il est indispensable de bien équilibrer la vie professionnelle et la vie privée, et de toujours demeurer objectif.

« Je crois que la naissance de mon bébé a rééquilibré ma vie, car c'est l'enfant qui l'exigeait. J'ai un garçon de trois ans, et je veux lui consacrer du temps, mais je désire du même coup qu'il soit fier de sa mère et qu'il participe à ce que je fais. Il est important pour moi qu'une partie de mon identité me vienne de ma profession. Quand j'étais plus jeune, je passais beaucoup de temps à ressasser mes concerts et à les jauger. Maintenant, je rentre à la maison, j'enfile un pyjama, je mange du pain grillé avec du thé, je joue avec mon bébé et je parle avec mon mari. Tout cela est important dans ma vie. »

De nombreux ambitionnistes en début de carrière ont cru à tort qu'en se réservant du temps pour gérer les responsabilités de leur vie familiale ils nuisaient à leur profession. Mais de plus en plus de gens constatent que ces obligations supplémentaires les forcent à rechercher un équilibre qui autrement leur échapperait. Po Bronson en est la preuve vivante : « Je crois que j'ai bien compris les problèmes auxquels étaient confrontées les personnes que j'interviewais parce qu'aujourd'hui j'ai un bébé. Au début de ma carrière, j'ai détruit un grand nombre de mes relations personnelles, car je sacrifiais tout à mon métier d'écrivain et je n'assumais jamais envers les autres, les responsabilités que j'assume aujourd'hui envers mon bébé. »

Attention : Cheryl et Po n'affirment pas du tout que le fait d'avoir un bébé est une garantie d'équilibre. Mais le fait d'assumer des responsabilités de parent démontre bien qu'un élément inédit de votre vie peut s'intégrer à vos objectifs et à votre notion de l'ambition. D'autres ambitionnistes s'efforcent de faire du bénévolat dans des domaines rigoureusement étrangers à leur vie professionnelle. J'ai connu une comptable qui étudiait aussi le droit et qui avait préparé un plan de carrière particulièrement exigeant. Afin de contrebalancer son désir extrême de réaliser ses objectifs professionnels avant l'âge de trente-cinq ans, elle inscrivit son chien dans le programme Therapy Dogs International (Association internationale pour les chiens à vocation thérapeutique) et consacra quatre heures par semaine à se rendre avec lui dans les hôpitaux, les hospices et les centres de soins pour enfants. C'était sa vision très personnelle d'une vie équilibrée.

Le fait d'accroître vos responsabilités et vos priorités non professionnelles n'est pas forcément gratifiant — et c'est la raison pour laquelle c'est si important. Quand vous réussissez au travail et que l'on reconnaît et applaudit vos réalisations, vous êtes motivé à travailler encore plus et mieux. Les relations et les responsabilités personnelles, si enrichissantes et chaleureuses soient-elles, ne nous procurent pas toujours une gratification immédiate et, par le fait même, nous aident à considérer objectivement nos réussites (et nos échecs) professionnels.

Dans le film *Six Degrees of Separation* on demande à une institutrice : « Que faites-vous pour que vos élèves de deuxième année soient de tels Picasso, de tels Miró ? » « Il n'y a pas de secret, dit-elle. Je sais seulement quand leur retirer leur dessin. » Cette institutrice savait pousser ses élèves à donner le meilleur d'eux-mêmes en limitant leur créativité. De même, pour savoir ce qui est suffisant et ce qui est excessif, le mieux est d'identifier le point d'équilibre entre une planification structurée et une certaine dose de spontanéité. Après tout, la spontanéité est la mère des hasards heureux, des moments opportuns et de la chance.

Ainsi que le dit un conseiller financier d'expérience : « Vous devez prendre la responsabilité de ce que vous valorisez. Bien sûr, on ne peut pas toujours éviter les moments de pression extrême, mais il est bon de savoir qu'il y a toujours des pierres de touche pour nous ramener sur terre : par exemple, le fait d'être chaque jour en contact avec nos êtres chers, de faire de l'exercice même lorsqu'on est en voyage d'affaires, de faire du bénévolat même si on est très occupé ou qu'on se croit très important. On peut se laisser emporter par le déséquilibre aussi facilement qu'on se laisse emporter par la colère. »

Pour savoir ce qui est suffisant et ce qui est excessif, le mieux est d'identifier le point d'équilibre entre une planification structurée et une certaine dose de spontanéité. Après tout, la spontanéité est la mère des hasards heureux, des moments opportuns et de la chance.

Une autre façon de structurer notre vie consiste à envisager le long terme et à mettre sur pied un plan croisé pour l'avenir. Tournons-nous vers le domaine du ballet pour illustrer ce que je veux dire.

Chan Hon Goh est première danseuse pour le Ballet national du Canada depuis 1994. J'ai pu lui parler pendant 45 minutes entre deux répétitions au studio de la compagnie à Toronto. Au cours de ce bref entretien — elle prenait son déjeuner, les jambes et les pieds bien enveloppés pour les garder au chaud, tout en répondant à mes questions — j'ai compris comment cette intelligente et jolie ballerine s'était affirmée non seulement comme danseuse mais aussi comme entrepreneuse et comme modèle pour les jeunes danseuses du monde entier.

Première ballerine asiatique engagée par le Ballet national du Canada, Chan a travaillé très fort pour équilibrer sa vie dans une industrie culturelle et une forme d'art aux exigences excessives pour ce qui est du talent, de l'engagement et de la résistance physique. Née en Chine, fille unique d'un couple de danseurs de ballet, elle a grandi dans la discipline, le travail et l'engagement artistique. Ses parents la jugeant douée pour une carrière de pianiste de concert, elle a passé ses jeunes années assise au piano. Lorsque ses parents s'établirent au Canada et ouvrirent une école de ballet à Vancouver, Chan fut inscrite à leurs classes à l'âge de neuf ans, surtout pour que ses parents puissent plus facilement veiller sur elle. Mais dès le premier jour, elle sut qu'elle voulait danser. « J'aimais la danse, le mariage de la musique et du mouvement, j'aimais pouvoir sortir de mon corps, explorer, devenir le tempérament de la musique ou du mouvement, adagio ou legato, et j'aimais pouvoir interpréter cela. J'avais la permission d'être quelqu'un d'autre. »

Armée de cette passion, Chan convainquit ses parents de son désir de devenir ballerine. À l'âge de seize ans, elle remporta une bourse au Prix de Lausanne, en Suisse, et, deux ans plus tard, en 1994, elle fut invitée à se joindre au Ballet national du Canada où elle est maintenant première danseuse.

Au fil des ans et avec l'appui de ses parents, Chan a pris conscience de l'importance d'une vie équilibrée dans un univers qui oblige ses membres à se concentrer uniquement sur eux-mêmes. « Il est si facile de croire que rien n'a d'importance à part la danse, mais si vous ne faites pas en sorte d'avoir une vie à l'extérieur du studio, vous en venez à ne plus pouvoir fonctionner dans la vie réelle. »

Pour Chan, qu'est-ce que cela signifie concrètement ? Elle doit d'abord admettre qu'elle ne pourra pas être première danseuse toute sa vie. Comme Cheryl Barker, elle devra quitter la lumière des réflecteurs. Pour mieux accepter l'inévitable, elle en parle ouvertement. Chan a déjà mis en place un plan croisé et elle prépare déjà sa transition vers une carrière complémentaire qui prendra le relais quand celle de première danseuse prendra fin. Il y a six ans, son mari et elle lançaient Principal Dance Supplies, une entreprise qui fabrique des chaussons et d'autres accessoires pour danseurs professionnels et élèves de cours de danse. Grâce à son expérience du métier et à celle des autres danseurs, ainsi qu'aux aptitudes créatrices et au don pour les affaires de son mari, la petite compagnie marginale de Chan est devenue une entreprise à part entière. Chan a également publié son autobiographie et demeure à l'affût des occasions qui pourraient se présenter suite à cette publication. Elle a su choisir le bon moment : « J'ai voulu écrire un livre qui puisse intéresser les jeunes filles au moment où je suis au faîte de ma carrière afin qu'elles puissent me voir danser, s'identifier à l'auteur du livre et s'en inspirer. » Le plan de rechange de Chan, conçu lorsqu'elle était au sommet, reflète de façon exemplaire la sage attitude dont je parlais dans le chapitre traitant de la Quatrième loi : sachez élaborer votre CV quand vous êtes le plus occupé et quand votre force d'impulsion et votre motivation vous poussent en avant.

SACHEZ PASSER LE CAP DE L'EXTASE

Pour beaucoup de gens, un moment survient toujours dans la vie où ils se rendent compte que leurs décisions se fondent exclusivement sur une gratification immédiate telle que l'argent, le pouvoir ou la reconnaissance. Quand cela se produit pour un ambitionniste, celui-ci s'arrête à réfléchir et il se pose la question suivante : Qu'est-ce que j'ai le plus peur de perdre ? De quoi suis-je le plus dépendant ? Dans quel domaine suis-je le moins efficace ? Répondre *honnêtement* à ces questions, c'est affronter vos limites et prendre conscience de l'importance d'un processus décisionnel réaliste. Hilary Brown, la principale correspondante à l'étranger de la chaîne ABC, adhère fermement à ce mode de pensée. Elle a découvert douloureusement à quel point il importe de « prendre appui sur des bases réalistes ».

Au début de sa carrière, Hilary travaillait comme journaliste pigiste et envoyait des dépêches à la radio de la CBC à Paris (Canadian Broadcasting Corporation) ; un an plus tard, elle était embauchée à Paris. Son premier emploi à la télévision eut lieu deux ans plus tard, à la CBC de Montréal. Elle avait toujours voulu travailler dans le domaine de la communication télé et le rôle de correspondante à l'étranger l'attirait tout particulièrement. « Je crois, dit-elle, que ma voix et ma compassion pour les victimes de toutes formes d'injustice sont mes meilleurs atouts. Et puis, je sais écrire une phrase grammaticalement correcte. »

« Les rêves sont comme les enfants ; il ne faut pas trop attendre d'eux, quand ils sont encore très jeunes. Il vaut mieux les soigner et les dorloter, car cette approche plus longue et plus viable débouche sur le succès. »

Quelques années plus tard, Hilary connut de difficiles épreuves qui lui rappelèrent l'importance d'une vie équilibrée. « Le pire pour moi a été d'accepter une affectation pour laquelle je n'étais absolument pas qualifiée, celle de correspondante au Pentagone pour NBC News. Mais j'étais ambitieuse et je croyais être à la hauteur ; donc, c'était moins de l'ambition que de l'orgueil. On a cru que je ferais un tabac au Pentagone parce que j'étais une excellente correspondante à l'étranger, mais j'ai prouvé qu'on avait eu tort. Erreur irréparable.

En l'espace de quatre mois, je n'étais plus la meilleure correspondante ; je n'étais plus rien. Zéro. Je me suis aussitôt remise en selle
en quittant la chaîne pour revenir à mes anciennes amours (ABC)
où j'aurais dû rester de toute façon. »

Il n'y a pas de doute : la dépendance — que celle-ci soit physique, émotionnelle ou intellectuelle — n'est pas un facteur de
déséquilibre facile à gérer. Encore une fois, le recul est la clé de
la victoire sur cette éternelle tentation. Si vous regardez vos aspirations avec une certaine objectivité, vous pouvez apprendre à
intégrer à l'avance votre passion et à planifier votre vie en conséquence. Po Bronson résume très bien ce message : « Les rêves sont
comme les enfants ; il ne faut pas trop attendre d'eux, quand ils
sont encore très jeunes. Il vaut mieux les soigner et les dorloter, car
cette approche plus longue et plus viable débouche sur le succès. »
C'est aussi ce qui permet aux ambitionnistes de passer le cap
de l'extase.

Évitez la désaffection

La désaffection est depuis longtemps vue comme le symbole
même de la solitude dans la société nord-américaine du XXIe siècle.
Ce mot évoque l'image d'hommes et de femmes solitaires qui, la
nuit, s'assoient à leur ordinateur et cherchent à établir un contact
virtuel avec des étrangers, ou encore l'image de personnes âgées
en train de prendre un souper solitaire à la table de la cuisine.
Mais, curieusement, la désaffection est aussi un produit dérivé
de la réussite et elle peut affecter des personnes très entourées.
En fait, plus vous réussissez, plus vous êtes vulnérable à la
désaffection.

La désaffection frappe habituellement les personnes qui occupent
une position dominante, qui commencent à se croire plus douées
qu'elles ne le sont en réalité et qui, conformément à leur perception
fort embellie d'elles-mêmes, laissent un gouffre les isoler de leurs
collègues et de leurs employés. Dans un tel isolement auto-imposé,

lorsqu'elles cherchent à discuter de leurs idées avec quelqu'un d'autre, il n'y a plus personne. Tout comme la personne angoissée par la rupture de communication, la personne qui prend ses distances avec les autres est généralement celle qui, à l'occasion d'une soirée de famille, a toujours son téléphone cellulaire à l'oreille ou dit attendre un important courriel, ou le chef de direction qui se pointe à la journée de réflexion de l'entreprise son portable à la main et qui répond à son courriel en pleine séance de remue-méninges.

On voit bien que la dépendance (« Je ne peux pas arrêter de travailler ») débouche très vite sur la désaffection (« Même dans mes interactions avec les gens, je suis occupé à autre chose »). Mais l'ambitionniste a plusieurs armes à sa disposition pour l'aider à vaincre cette fâcheuse tendance.

Redéfinissez votre travail en fonction de la personne que vous êtes devenue

L'une des meilleures contre-offensives à la désaffection consiste à intégrer votre point de vue très personnel à la tâche qui vous occupe. Chan formule comme suit cette idée : « La danse est un art très profond ; elle n'a pas de fin, pas de limites, et pourtant elle ne nous rend qu'une infime partie de ce qu'on lui donne. Chaque fois que je retourne à un rôle, je laisse ma vie du moment influencer mon interprétation du personnage et de la chorégraphie. Je laisse la musique me parler autrement et, aidée par ce que je vis, je peux m'identifier au personnage dans une certaine mesure, voir où se situent les correspondances entre ce personnage et moi. »

La recherche de Po Bronson reflète une approche similaire. « Les gens tirent souvent des leçons de leurs expériences, mais leurs schémas de comportement ne suivent pas. On croit en général qu'il suffit de surmonter une période difficile, de faire front pour que tout se remette en place [...] mais si, au contraire, on apprenait de nos erreurs, si on acceptait plus facilement la tristesse, le deuil, etc., si on les intégrait à nos travaux du moment, on communiquerait vraiment avec le reste du monde au lieu de centrer toute notre attention sur un désir très fragmentaire. »

En se donnant le temps de réfléchir et de s'analyser même quand ils sont en plein essor, les ambitionnistes se mettent au défi de savoir en tout temps qui et ce qui travaille à leur réussite. En n'ayant jamais de cesse de redéfinir leurs efforts en fonction de qui ils sont, ils repoussent le délire des grandeurs qui est si symptomatique de la désaffection.

ENGAGEZ-VOUS À FOND

Savoir renouer avec votre entourage autant qu'avec votre domaine d'expertise est une approche réaliste de l'ambition. Après tout, l'élitisme et l'exclusivité sont des moyens de protection pour les personnes qui ne veulent pas affronter le tohu-bohu extérieur à leur microcosme. Toute industrie exige un engagement profond et l'ambitionniste le lui donne sans réserve.

Accepter cette responsabilité, c'est aussi en reconnaître les lois. Voici quelques conseils :

Les bonnes manières. Selon Hilary Brown, les bonnes manières sont l'un des éléments les plus importants d'une réussite à long terme. De la façon dont vous répondez au téléphone ou mettez fin à une relation commerciale jusqu'à votre manière de reconnaître la contribution de quelqu'un d'autre, tout doit être soumis à des règles d'étiquette. C'est élémentaire, mais si facile à oublier quand votre succès vous précède.

L'écoute sincère. Dans toute entreprise où les dons et le travail des individus sont scrutés quotidiennement et où la pression est intense, l'aptitude à l'écoute peut faire toute la différence entre la réussite du groupe ou son échec. Savoir accorder le bénéfice du doute, apprendre à cultiver des amitiés sincères, écouter avec sincérité les commentaires des autres, tout cela favorise l'harmonie à long terme.

Le désaccord courtois. On aime défier la réussite : c'est un réflexe humain. Les ambitionnistes apprennent dès le départ que l'on se souviendra non seulement de leur attitude dans la victoire, mais aussi de leur grâce dans l'échec. Vous pouvez avoir un différend à la table de réunion, puis serrer la main de votre adversaire à une réception le même jour. Vous et votre partenaire pouvez exprimer des points de vue opposés en répétition, mais danser en symbiose devant le public. Il n'est pas bon pour le vainqueur de se faire des ennemis des perdants, mais il est encore plus important pour le perdant de ne pas se détourner du vainqueur, car il risque ainsi de s'isoler inutilement.

Un des éléments récurrents des entretiens que j'ai réalisés dans le cadre de la rédaction de ce livre est le caractère essentiel de l'engagement de l'ambitionniste envers sa profession et son domaine d'expertise. En assumant les responsabilités associées à son appartenance et à sa participation dans une industrie, une collectivité ou une entreprise, l'ambitionniste a établi des ponts avec autrui. L'importance de cette valeur fondamentale se mesure à la grandeur de sa réussite.

Sachez ce que vous devez sacrifier

Les ambitionnistes sont des pragmatistes visionnaires. Il n'y a donc pas lieu de s'étonner qu'ils puissent déceler une désaffection possible, s'en protéger et ne jamais oublier l'importance du mot *choix* dans leurs efforts pour équilibrer les exigences de leur vie professionnelle et celles de leur vie personnelle. Il faut parfois perdre cet équilibre pour prendre conscience de l'importance de ce que l'on sacrifie.

Les ambitionnistes sont des pragmatistes visionnaires. Il n'y a donc pas lieu de s'étonner s'ils peuvent déceler une désaffection possible, s'en protéger et ne jamais oublier l'importance du mot *choix*.

« Vous pourriez arguer que si votre vie est trop équilibrée et heureuse, vos réalisations sont moindres, dit Hilary Brown. Je suis portée à croire que la plupart des modèles de réussite n'ont pas une vie très équilibrée tout simplement parce qu'ils n'en ont pas le temps ou parce qu'ils ont trop d'ambition. Une carrière exigeante est précisément cela : exigeante. Si vous avez beaucoup d'ambition, vous sacrifierez votre vie personnelle — en n'ayant pas d'enfants, par exemple —, car sans ce sacrifice vous n'atteindriez peut-être pas vos objectifs de carrière.

« Mais si vous souhaitez avoir une vie équilibrée, vous pourriez refuser certains engagements importants afin de partager la compagnie de vos proches à l'occasion de tel ou tel anniversaire ou de telle ou telle fête de famille. J'ai déjà sacrifié, par ambition, Noël avec mon mari et mon petit garçon pour une affectation à l'étranger et j'en ai été extrêmement malheureuse. J'ai fait ce que j'avais à faire et j'ai même consolidé ma carrière (ce que vous appelez la « force d'impulsion ») en réalisant d'excellents reportages. Mais quand je repense à tout cela, je me demande ce que cela m'a apporté et ce que cela a démontré. »

Ayant pesé le pour et le contre, Hilary choisit quand même d'être affectée à l'étranger, sachant que, pour réussir, elle devrait assumer ce choix. À d'autres étapes de sa carrière, réfléchissant au sacrifice que lui vaudrait de renoncer à certaines occasions d'avancement, elle aurait sans doute opté pour une vie plus équilibrée.

Le sacrifice, qu'il soit personnel ou professionnel, est le corollaire de l'ambition. Les ambitionnistes testent leur sentiment d'aise par le biais d'un certain nombre de sacrifices, sachant qu'ils ont toujours au moins deux choix possibles. Quand ils prennent des décisions importantes, ils s'efforcent toujours de s'éloigner des autres le moins possible en ne les excluant pas de leur recherche d'équilibre. Tout tient à la différence entre admirer l'ambition pour ce qu'elle nous apporte et l'idolâtrer en la laissant prendre le dessus.

Évitez l'isolement

Le temps écoulé entre le développement d'une dépendance et l'éloignement de l'entourage débouche souvent, si on n'y prend pas garde, sur l'isolement — le troisième angle sourd. Les modèles de réussite, souvent les plus grands d'entre eux, qui ont développé une accoutumance à leur ambition tendent à limiter leurs activités à leur domaine professionnel et à se distancer de tout ce qu'ils jugent périphérique. S'ils persistent assez longtemps, ils en viennent à croire à leur propre importance et à s'isoler des autres délibérément. Au début, ils s'éloignent de certaines personnes, puis ils en viennent à fuir certaines situations, à éviter de prendre certaines décisions importantes ou à fréquenter certains lieux. Finalement, ils s'isolent même de l'œuvre de leur vie.

L'isolement prend souvent le pas de la désaffection après une longue accumulation de réussites ou suite à un recul majeur. Dans ce dernier cas, au lieu de réviser leurs objectifs ou de solliciter l'aide de leurs collègues et de leurs guides, ces personnes cèdent à l'emprise de leurs peurs et se cachent.

PLANIFIEZ VOTRE EMPLOI DU TEMPS

Pour freiner une tendance possible à l'isolement, le temps et votre façon de le dépenser, de l'évaluer, de le répartir et de l'envisager doivent forcément entrer en jeu. Wayne Scott, conseiller cadre d'Action Strategies Inc., une firme de Toronto, doit souvent aider ses clients à mieux gérer leur temps. «La gestion du temps est une expression galvaudée. Quand on parle de désaffection ou d'isolement, il faut savoir qu'il est indispensable d'aller vers quelque chose plutôt que de tenter de fuir les responsabilités qui représentent un réel défi. Le fait de définir votre emploi du temps équivaut en réalité à le structurer au lieu d'imaginer des façons de fuir vos responsabilités quotidiennes. La nuance est subtile, mais elle peut faire toute la différence.»

Voici un exercice tout simple que Wayne utilise pour aider ses clients à restructurer leur emploi du temps et à établir des priorités. Choisissez trois ou quatre domaines importants de votre vie (travail, vie de famille, temps pour vos besoins personnels, vie communautaire). Pendant au moins une semaine et si possible un mois, déterminez comment vous occuperez vos journées et assignez-les à chacun de ces domaines. Quand vous réexaminerez la semaine écoulée, vous constaterez certaines zones évidentes de déséquilibre et cette prise de conscience vous aidera à réorganiser votre emploi du temps et à réaffecter vos dépenses d'énergie. Par exemple, si vous vous rendez compte que vous occupez les heures réservées à la vie familiale à faire les courses et à passer chez le nettoyeur, sans doute serait-il préférable de recourir à un service d'épicerie en ligne et de passer plus de temps avec vos enfants.

Voici d'autres tactiques utiles aux ambitionnistes :

LES MOMENTS PRIVILÉGIÉS

Dans son ouvrage intitulé *The New Culture of Desire*, Melinda Davis signale une nouvelle tendance, celle de vouloir «précipiter notre développement personnel» en participant à des séminaires, en lisant des guides pratiques et même en effectuant des voyages d'un genre nouveau destinés aux «collectionneurs de compétences» : «Ne bronzez pas idiots ! Rentrez chez vous en rapportant dans vos bagages une aptitude supplémentaire, de la lecture rapide à l'autohypnose !» Certes, de tels voyages séduisent les ambitionnistes ultra-zélés, mais ils ne vous libèrent pas de la course au rendement, de l'atteinte de vos objectifs et du lourd emploi du temps des gens trop pressés.

Un bon moyen d'appuyer sur le bouton de pause consiste à assimiler votre envie de consacrer plus de temps à votre famille et à vos amis en vous fixant un but facile à atteindre. Par exemple, une femme d'affaires, mère d'un garçon de cinq ans déplorait le fait que, même si elle voyait son fils au terme de ses interminables journées de travail, elle ne s'adonnait pas avec lui à une activité particulière, valeur qu'elle jugeait très importante et qu'elle regrettait de ne pas lui inculquer. Au lieu de projeter de l'accompagner deux fois par semaine à sa séance d'entraînement de football, ce qui n'était guère réaliste, elle décida d'acheter un tandem pour eux deux, car son fils adorait le vélo en tandem. Bien vite, ils prirent l'habitude de se rendre ainsi jusqu'au métro trois ou quatre fois la semaine. Son mari dut apporter quelques modifications à sa routine matinale, mais elle constata que les minutes ainsi passées en compagnie de son fils s'intégraient parfaitement à sa journée de travail. La simplicité de l'objectif et la parfaite intégration de l'activité choisie permirent à cette femme d'affaires de vivre avec son fils des moments privilégiés.

LA DIVERSITÉ

On entend souvent dire que l'important n'est pas le revenu mais la manière de le dépenser. Il en va de même de l'ambition et de la réussite. Si vous n'avez de succès que dans votre domaine restreint et que vous ne prenez jamais le temps de permettre aux idées nouvelles, à la vie culturelle, aux arts, à la lecture, aux sports ou au bénévolat d'enrichir votre univers, la qualité de votre réussite en sera affectée négativement. Beaucoup des sujets que j'ai interviewés au fil des ans m'ont fait part de leur engagement à devenir des femmes et des hommes universels, des personnes aux intérêts nombreux et variés. En relâchant un peu votre emprise sur votre profession et votre engagement exclusif envers le travail, non seulement vous évitez de vous isoler, mais vous vous rapprochez d'une définition plus générale, plus universelle de la réussite qui repoussera un jour futur les frontières de votre ambition. En fait, de nombreux ambitionnistes qui ont réussi choisissent plus tard de se consacrer un jour ou l'autre au bénévolat. Nous parlerons dans le chapitre sur la Septième loi de cet heureux tournant.

Si vous n'avez de succès que dans votre domaine restreint et que vous ne prenez jamais le temps de permettre aux idées nouvelles, à la vie culturelle, aux arts, à la lecture, aux sports ou au bénévolat d'enrichir votre univers, la qualité de votre réussite en sera affectée négativement.

Un jour survient parfois — en début de carrière ou encore à un moment particulièrement important — où l'on doit s'acquitter de sa dette, où il n'est pas possible de changer d'orientation. Vous travaillez beaucoup, vous vous dépensez sans compter, et vous accumulez la longueur d'avance que vous jugiez nécessaire pour atteindre vos objectifs de réussite. Mais vient un temps où les ambitionnistes passent outre à ce modèle bancal pour incorporer un plus grand éventail d'expériences, d'idées et d'activités de manière à vraiment structurer leur ambition.

LES SAUVEURS ET LES CONFESSEURS

Une des meilleures stratégies pour éviter l'isolement consiste à choisir un sauveur ou un confesseur désigné. Durant la phase d'appartenance, vous avez mis sur pied une équipe de champions, de déclencheurs, de leviers ; choisir un confesseur ou un sauveur est un simple prolongement de ce processus. Votre sauveur doit être une personne que vous respectez et en qui vous avez confiance, habituellement une personne qui a connu une plus grande réussite que vous et de plus nombreux échecs et qui, d'une façon générale, a accumulé une plus grande expérience. C'est la personne à qui vous pouvez adresser une question par courriel, avec qui vous discutez à l'heure du déjeuner, ou que vous invitez à vous accompagner à une réunion d'affaires pour qu'elle puisse ensuite vous donner son point de vue. Si vous recherchez plutôt un confesseur, vous avez besoin avant tout d'une personne exceptionnellement douée pour l'écoute. Quoi qu'il en soit, si vous établissez dès le départ une relation de mentorat avec cette personne, vous saurez que vous pourrez compter sur elle quand tout va mal.

D'autre part, il est tout aussi important de vous éloigner des personnes avec qui vous avez des relations destructrices, notamment les individus qui prônent l'extrémisme et qui refusent de tenir compte des aspects négatifs d'un déséquilibre permanent. Un malheur ne vient jamais seul, si bien que les personnes portées à la dépendance, à la désaffection ou à l'isolement pourraient même vous inciter à adopter ce mode de vie. Voici comment Chan Hon Goh envisage cette éventualité dans l'univers de la danse. « Je parviens assez bien, dans l'ensemble, à empêcher les mauvaises influences d'entrer dans ma vie et cela m'a aidée à croire en la bonté de la nature humaine. J'ai constaté que je m'entoure non seulement de gens qui m'aiment et me veulent du bien, mais aussi de personnes ayant une plus grande expérience de la vie, qui me guident et me conseillent. Dans le monde de la danse, si facilement exclusif, ç'a été la clé qui m'a permis de me créer une vie extérieure au studio et d'ériger un pont vers ma carrière de rechange. »

De nombreux ambitionnistes optent pour la création d'un conseil d'administration personnel avec lequel ils développent une relation de mentorat. Il existe des tas de programmes qui ont pour but de conseiller les entrepreneurs, mais ce concept peut être adapté à de nombreux autres scénarios professionnels. Certains conseillers, spécialisés dans le jumelage, vous feront rencontrer des experts conseils, des guides personnels ou spirituels et, plus généralement, des personnes possédant un important réseau de contacts dans le domaine qui vous intéresse. Ces conseillers rencontrent leurs clients sur une base régulière afin de les aider à structurer un plan de vie. Quel que soit votre domaine d'activités ou votre profession, la collaboration d'un individu ou de tout un conseil d'administration personnel sert de base à un excellent mécanisme de soutien. Non seulement repoussez-vous ainsi toute tendance à l'isolement, mais votre carrière ne saurait que bénéficier de ce surcroît d'expérience et d'expertise.

Le mot de la fin

Finalement, l'une des principales raisons qui poussent les gens à atteindre un certain niveau de succès est la liberté que cette réussite leur procure. Ainsi, certaines personnes préfèrent les loisirs à l'argent ou encore la liberté au statut social. L'important est de toujours prendre du recul et de reformuler objectivement notre définition de la liberté. Pour conserver une vie équilibrée, il faut toujours savoir qui nous sommes et ce que nous désirons vraiment, à défaut de quoi nous risquons de nous enliser. Nous gagnons beaucoup d'argent, par exemple, mais nous n'avons plus envie de nous lever le matin parce que nous travaillons beaucoup plus que nous n'en avons envie. Si nous faisons régulièrement un inventaire réaliste et objectif de nos priorités en reformulant sans cesse notre notion de l'ambition, nous risquons beaucoup moins d'être la proie de la dépendance, de la désaffection ou de l'isolement.

« How to Lead a Rich Life » (Comment enrichir notre vie), cet article publié dans *Fast Company* dont je parlais dans le chapitre sur la Quatrième loi, décrit ainsi la vraie richesse : « À l'exception de la planification financière, les deux aspects de leur vie auxquels les gens très riches consacrent le plus de temps sont leurs enfants ou leurs petits-enfants et leurs amis intimes. Ils s'adonnent beaucoup plus souvent à des loisirs à dimension humaine qu'à des activités extrêmement coûteuses. [...] Chaque fois que je m'adresse à ces personnes, on me répète la même chose : "J'aime ma vie. J'aime ma femme. J'ai hâte d'aller travailler le matin." Et voilà, messieurs dames, ce que c'est que d'enrichir sa vie. » La même équation s'applique aux ambitionnistes : l'harmonisation de la vie professionnelle et de la vie personnelle nous procure le loisir de les aimer autant l'une que l'autre.

En quête d'une définition de cette harmonie, j'ai demandé à tous mes sujets si selon eux l'ambitionniste est celui qui « possède tout » ou celui qui est capable de « jongler avec tout. » La réponse qui suit m'apparaît la plus juste : « Être ambitieux, ce n'est *ni* tout avoir *ni* jongler avec tout, c'est tout *vouloir*. » Si c'est effectivement le cas, l'équilibre ou l'harmonie naît de ce que nous minimisons les mauvais aspects du « vouloir » tout en nous rapprochant de la notion de « tout. »

L'un de mes entretiens où il a été question d'équilibre et d'harmonie me reste particulièrement en mémoire. Est-ce dû à ma propre passion pour les bons vins ou au romantisme associé à la vie d'une propriétaire de vignoble en Italie ? L'histoire de Silvia Imparato continue de m'émouvoir.

Silvia exerçait à Rome le métier de photographe portraitiste. Elle adorait faire de la photo, elle adorait le vin, et ses grands-parents possédaient une terre de vingt-sept hectares dans les environs de Salerno, dans le sud de l'Italie, où ils cultivaient des fruits et des noix. Curieusement, elle n'avait jamais fait le lien entre tous ces éléments.

Un beau jour de 1985, elle fit le portrait d'un américain qui, par hasard, était un fin collectionneur de vins. Il invita Silvia à l'accompagner à une réunion de son club du vin dans une œnothèque de Rome où elle fit la connaissance de plusieurs amateurs de vin et de quelques œnologues. Il y avait parmi eux un homme qui avait travaillé aux côtés du célèbre viti-viniculteur Piero Antinori et qui l'incita à transformer en vignoble la propriété familiale. À la fin de cette année-là, à la surprise générale, cette audacieuse photographe s'était associée à deux spécialistes du vin et avait commencé à planter des vignes destinées à produire des vins de Montevetrano.

Malheureusement, le partenariat de Silvia ne dura pas plus de six mois, si bien qu'elle se trouva un jour à gérer seule, sans connaissances et sans appuis, une petite cave vinicole. Mais sa passion, sa volonté et son amour du vin compensaient son manque d'expérience. Tout en continuant à gagner sa vie en faisant de la photo de portraits, elle forma une petite équipe de gens du village avec lesquels elle cultiva ses vignes, entreposa, embouteilla, distribua et mit en marché une mini-production grâce à sa passion pour le vin, sa passion de la terre et sa nature courageuse et ambitieuse. En 1993, sa production atteignait trois mille bouteilles et avait beaucoup de succès.

Comme la plupart des ambitionnistes, Silvia voulut bientôt développer son entreprise. Elle osa envoyer quelques bouteilles de son vin au dégustateur et critique de renommée internationale Robert Parker. « Je faisais encore de la photographie à mon studio de Rome. Un jour, entre deux séances, j'ai reçu une télécopie manuscrite signée Robert Parker qui disait : "Votre vin est formidable. Je tiens à vous dire que j'en ferai un article pour la prochaine livraison de la revue." J'ai cru à une plaisanterie de la part d'un copain. Mais non ! Parker attribua une cote très élevée à mon vin et, un mois plus tard, j'arrivais à peine à répondre à la demande. Les acheteurs croyaient que c'était une tactique de promotion, mais j'étais tout simplement incapable de remplir les commandes des clients. Résultat, le prix de mon vin est monté en flèche. Aujourd'hui, je produis vingt-cinq mille bouteilles par année et nous soutenons la concurrence à l'échelle mondiale. »

Que voilà une histoire romanesque… un véritable conte de fées pour ambitionnistes. Vingt minutes après le début de notre entretien, Silvia me parle du stress que lui occasionne son entreprise, des problèmes quotidiens qu'elle est seule à affronter. Mais, du même souffle, elle s'émerveille d'avoir réussi dans un domaine très concurrentiel, à forte intensité de main-d'œuvre et à prédominance masculine.

« Quelle est mon ambition ? Produire le meilleur vin possible. Comment décrire ma vie ? Comme une recherche d'équilibre entre les plaisirs sensuels du travail de la terre, sous le soleil ou la pluie, avec une main-d'œuvre locale que j'entraîne. Finalement, je trouve mon harmonie sous un olivier en fin de journée, avec ma fille, quand je goûte le vin que j'ai créé moi-même. »

Une femme ambitieuse ? Oui. Mais pour qui l'harmonie et l'équilibre consistent à tout vouloir.

SIXIÈME LOI

La maturité

Seuls ceux qui osent souverainement échouer sont appelés
à souverainement réussir
ROBERT F. KENNEDY

Pour l'ambitionniste, l'échec est comme la mort et l'impôt sur le revenu : il est inévitable et personne n'y échappe. La Sixième loi est relativement simple. Elle concerne l'échec. Ou plutôt, l'opinion que l'ambitionniste se fait de l'échec, sa manière de franchir les obstacles et d'admettre que l'aptitude à se relever encore et encore est un signe certain de maturité.

Au fil des ans, chaque fois que j'ai pu m'entretenir avec des modèles de réussite, j'ai toujours été très heureuse de les entendre me dire que leurs échecs avaient été un facteur primordial de leurs succès ultérieurs. Qui plus est, ils s'en enorgueillissent. Ainsi que l'affirme Havelock Ellis : « Les échecs que nous essuyons servent de fondement à nos plus grandes réussites futures. »

La maturité est un choix. C'est l'aptitude à gérer notre réactivité et la conséquence d'expériences qui échappent souvent à notre contrôle. On entre dans la maturité lorsqu'on admet qu'en embrassant l'échec et en s'efforçant de s'en relever on progresse vers de plus grandes réussites. L'histoire que m'a relatée Michael Birch constitue un excellent point de départ pour tout ambitionniste qui est prêt à assumer les exigences de la Sixième loi.

La maturité est un choix. C'est l'aptitude à gérer notre réactivité et la conséquence d'expériences qui échappent souvent à notre contrôle.

Imaginez que vous ayez passé votre enfance dans une île située à plus de neuf cents kilomètres au nord-est de Winnipeg, séparée par un plan d'eau d'une réserve autochtone de mille cinq cents personnes. Vous passez l'hiver dans un isolement quasi total, dans une maison de rondins, avec votre frère pour unique compagnon de jeu, car il vous est impossible de fréquenter vos amis qui vivent sur la terre ferme. Que feriez-vous ? Si vous vous appeliez Michael Birch, vous passeriez votre temps à rêver et à vous demander comment faire pour toujours vous entourer de gens.

Les parents de Michael, un père britannique et une mère membre des Premières Nations, lui ont appris deux choses : son père, pilote de brousse, lui a conseillé de ne pas travailler pour quelqu'un d'autre, mais de réaliser seul ses rêves. Sa mère lui a enseigné l'importance de l'engagement, de la détermination et de la volonté.

Michael abandonna ses études après sa dixième année, bien décidé à lancer une entreprise prospère. Il ouvrit un dépanneur qui eut assez de succès, mais cela ne lui suffit pas. Il observa son entourage et, en dépit de sa faible instruction, il eut la présence d'esprit de noter une lacune importante du marché. Les autochtones sont de grands buveurs de boissons gazeuses ; en fait, ils en boivent plus que la plupart des Canadiens — à quatre pour un, c'est le segment du marché de la consommation dont la croissance est la plus rapide. Michael calcula que le Canada comptait 620 réserves difficiles d'accès avec une forte clientèle potentielle. Pourquoi ne pas inventer une boisson gazeuse exprès pour elle ? C'est ainsi que Michael mit au point le First Nations Cola, embouteillé par les boissons Cott et livré dans les réserves. Ayant des intérêts dans la distribution de son produit, Michael livrait lui-même ses caisses de boissons gazeuses aussi vite qu'il le pouvait.

L'entreprise mit Michael sous les feux de la rampe tant dans les médias qu'au sein des collectivités autochtones. Tout alla pour le mieux, du moins pendant quelques années, soit jusqu'à ce qu'il doive affronter la concurrence féroce des autres joueurs de l'industrie. Les géants de l'industrie avaient des ressources et du pouvoir, si bien que Michael parvenait difficilement à obtenir un espace d'étalage suffisant. L'immense production des grandes compagnies leur procurait une marge de profit par caisse bien supérieure à celle que Michael pouvait espérer réaliser. Et, à sa grande surprise, bien que les autochtones soient de grands consommateurs de boissons gazeuses, ils sont aussi très fidèles à une marque et il n'est guère facile de les amener à changer leurs préférences.

À vingt-sept ans et après avoir tenté en vain de trouver des solutions, Michael dut fermer boutique. Il précise toutefois qu'il n'a pas eu à déclarer faillite, mais qu'il a négocié des modalités de remboursement avec ses créditeurs. Tout compte fait, il a perdu son entreprise et un million de dollars. Il avait atteint le creux de la vague. Il n'avait plus un sou, il avait forci de trente kilos et il noyait ses problèmes dans l'alcool. Bref, il avait perdu toute estime de lui-même et il dévalait la pente. « Je m'apitoyais sur mon sort. J'ignorais pourquoi j'avais échoué aussi lamentablement. Était-ce parce que je manquais d'instruction ? Parce que je n'avais aucun sens des affaires ? Par malchance ? » C'était toujours la même rengaine.

Un jour, son assistante lui dit : « Michael, ça suffit. Quel héritage veux-tu transmettre à tes enfants ? Veux-tu qu'ils se souviennent de toi comme d'un pauvre type qui a tout laissé tomber dès le premier échec ? Veux-tu être un lâche à leurs yeux ? » Ce fut pour lui une douche froide. « Cela a suffi, dit-il, pour que je me remette sur pied et que je reparte de zéro. » Plus tard, après une coupe de cheveux et l'achat d'un nouveau jean, armé d'une nouvelle attitude, Michael fut prêt à recommencer.

Ses réflexions l'amenèrent à se dire que son instinct de départ était loin d'être erroné. Il avait eu raison de vouloir miser sur le pouvoir d'achat des Premières Nations. Mais il s'était tout simplement trompé de produit. S'il parvenait à mettre en pratique les leçons que lui avait inculquées son premier échec, rien ne l'empêcherait d'adapter ce modèle à une stratégie plus efficace. Cette fois, il axa ses efforts non pas sur un produit mais sur un service et prépara le plan d'affaires de ce qui est aujourd'hui connu sous le nom de First Nations Buying Group. En regroupant le pouvoir d'achat des différentes réserves des Premières Nations, Michael put attirer l'attention de grandes sociétés désireuses de vendre leurs produits et services aux collectivités autochtones à des prix concurrentiels. Elles leur offrirent, entre autres, des jouets, des services téléphoniques et des équipements informatiques à prix réduits en échange de l'exclusivité de leur produit ou service.

Michael a lancé son entreprise au Manitoba en négociant avec les services téléphoniques de la province, Manitoba Telecom Services, une réduction dans le tarif interurbain de 18 à 7,5 cents la minute. Aujourd'hui, près de la moitié des réserves du Manitoba, des Maritimes et de l'Ontario se sont jointes au programme. Michael ne capitulera pas tant que toutes ne seront pas montées à bord. En outre, Toys R Us, Grand & Toy, Xerox, Bell Ontario et une compagnie d'assurances offrent leurs produits et services aux réserves selon la même base d'établissement des prix.

Je suis absolument certaine que Michael peut réussir dans tout ce qu'il entreprend, dans quelque domaine que ce soit. Certes, comme tout le monde il n'est pas à l'abri de l'échec, mais il a maintenant assez d'expérience et de maturité pour s'en relever.

Comment se relever de ses échecs

L'aptitude à identifier et à accepter l'échec ni plus ni moins pour ce qu'il est, voilà ce qui conduit à la maturité. Intérieurement, vous ne vous dites pas : « Je ne vaux rien, je n'ai pas d'ambition, je ne réussirai jamais », mais bien : « Au long de mon parcours ambitionniste, j'ai essuyé un échec. Cet échec me dira quels sont mes points forts et comment aller de l'avant. »

Thomas A. Edison a dit : « Je n'ai pas échoué ; j'ai trouvé dix mille façons de faire qui ne fonctionnent pas. » Voici un survol des cinq stratégies qui favorisent une attitude raisonnée et permettent aux ambitionnistes de mettre leurs échecs au service de leur réussite future.

Acceptez l'échec. Un des éléments nécessaires à la réussite de l'ambitionniste et l'une des pierres angulaires de son dossier est le rejet. Au lieu de le laisser vous décourager, acceptez-le et voyez en lui une façon de vous pousser en avant et de renforcer votre détermination.

Faites un inventaire réaliste. Maintenant que vous avez affronté les fluctuations qu'entraîne la force d'impulsion et lutté contre les menaces potentielles à votre équilibre vital, vous êtes prêt à réévaluer vos aptitudes eu égard aux conditions du marché qui affectent le plus votre carrière. En acceptant vos forces et vos faiblesses vous vous relèverez plus rapidement et plus soigneusement de vos échecs.

Stimulez votre curiosité. Les gens laissent souvent les pressions familiales, professionnelles et sociales influencer l'orientation de leur carrière. Si l'une de leurs décisions professionnelles ne reçoit pas l'aval inconditionnel de leurs êtres chers, ils sont souvent tentés de dévier de leur route. Mais opter pour la respectabilité, le pouvoir ou le standing en lieu et place d'une vocation authentique ne satisfera pas longtemps l'ambitionniste.

Concentrez-vous sur les rebonds en série. L'important n'est pas de sauter haut, mais bien de se relever rapidement quand on touche le fond. Les ambitionnistes adultes concentrent leur énergie sur ce que j'appelle les «rebonds en série», soit l'aptitude à se relever plusieurs fois de ses échecs.

Développez votre force de caractère. En acceptant le rejet et en s'engageant à se relever aussi souvent que nécessaire, les ambitionnistes développent leur force de caractère. Le fait de comprendre comment nos peurs, nos décisions, nos responsabilités, notre pouvoir et nos accomplissements ont tous un rôle à jouer nous aide à envisager la réussite et l'échec dans une perspective adulte.

Quelques-unes des sept lois de l'ambition nécessitent une approche tactique et d'autres non. Pour sa part, la maturité est un produit de la réflexion et de l'objectivité. Par conséquent, elle prend sa source dans une bonne attitude et poursuit son petit bonhomme de chemin.

Acceptez l'échec

Regardez autour de vous: les individus les plus ambitieux, ceux qui ont vraiment réussi sont souvent les premiers à admettre leurs nombreux échecs.

Walt Disney a dit: «Vous ne pensez pas ça quand ça se produit, mais un bon coup de pied vous savez où est la meilleure chose qui puisse vous arriver.» Michael Birch serait d'accord. Regardez autour de vous: les individus les plus ambitieux, ceux qui ont vraiment réussi sont souvent les premiers à admettre leurs nombreux échecs. Songeons à Steve Fossett, par exemple, le pilote de montgolfière dont il a été question dans le magazine *Vanity Fair*. Ce négociateur d'options âgé de cinquante-huit ans a échoué cinq fois à devenir le premier balloniste à faire le tour du monde en solo. Ses échecs (dont une chute de près de 9000 mètres dans la mer de Corail) l'ont renforcé dans sa seule ambition : « la réussite personnelle due au talent et au travail. » En définissant ainsi sa notion de succès, Fossett adopte le point de vue d'Henry Ford, selon lequel « l'échec n'est rien d'autre qu'une occasion de repartir du bon pied. »

De nombreux lecteurs de toutes conditions m'ont fait part par courriel de la manière dont ils ont su persévérer en dépit du rejet. Une lectrice m'a confié avoir voulu, au mitan de sa vie, faire des études de doctorat. En dépit de ses notes excellentes, de ses références et de son expérience professionnelle, elle a dû s'y prendre à six fois avant d'être acceptée par l'université de son choix. Chaque fois qu'elle essuyait un refus, elle se disait que le fait de surmonter cet échec lui en apprendrait beaucoup sur elle-même, et elle se concentrait là-dessus. En même temps, elle savait qu'elle se forgeait ainsi une armure contre les échecs plus importants qu'elle devrait inévitablement essuyer plus tard.

Il faut du temps pour ériger quoi que ce soit qui en vaille la peine. La plupart des hommes d'affaires vous diront qu'il faut au moins dix ans pour assurer le succès d'une entreprise, et que l'échec fait inévitablement partie du jeu. Le rejet est la pierre angulaire des écrivains. Une bonne stratégie, dans leur cas, consiste à entamer un autre projet d'écriture aussitôt qu'ils ont confié leur manuscrit à un éditeur. Cette méthode les confirme dans leur volonté d'écrire tout en amortissant le choc si leur manuscrit devait être refusé.

Faites un inventaire réaliste

Dans le chapitre sur la force d'impulsion, j'ai souligné l'importance qu'il y a à conserver une distance salutaire entre vous et vos décisions, histoire de ralentir un peu. Et voilà que cette objectivité redevient indispensable dès que vous vous livrez à une appréciation pragmatique de vos points forts. Elle vous permet de vous relever de tous vos échecs, car au lieu de compenser vaille que vaille vos faiblesses, vous mettez réellement vos forces à contribution. Les idées de Robert Fritz nous révèlent un point de vue fascinant sur la réussite et l'échec.

Fritz, auteur de *The Path of Least Resistance,* fait figure de pionnier dans le domaine du développement personnel. Dans son ouvrage, il applique son expérience de musicien au processus créateur et au processus de travail dans leur ensemble. Dans mes entretiens avec des conseillers d'orientation professionnelle, le point de vue de Fritz face à la réussite et à l'échec est souvent revenu sur le tapis. Le conseiller cadre Wayne Scott s'en est souvent remis à l'approche de Fritz pour comprendre et surmonter l'échec. « Selon mon expérience, la plupart des gens s'efforcent d'éviter les occasions de rejet. C'est une réaction très humaine. Mais au lieu de mettre en place un système d'évitement du rejet — qui est inévitable — je m'inspire de l'attitude de Robert Fritz, qui consiste à inventorier ses forces et ses faiblesses avec réalisme avant de composer avec le rejet et l'échec. Mettons-nous par exemple dans la peau d'un représentant des ventes, qui doit composer tous les jours avec le rejet. Aux dires de Fritz, nous devons alors nous poser deux importantes questions. Premièrement : Pourquoi ferais-je une visite de vente si je cours le risque d'être rejeté ? Pour répondre à cette question, vous devez admettre que vous n'aimerez jamais certains aspects de votre travail et même que vous n'y excellerez jamais. Mais vous pouvez apprendre à les tolérer, car ils vous poussent vers la réalisation d'un objectif plus important — soit, dans le cas qui nous occupe, un accord de vente. Bref, si votre peur du rejet est plus forte que votre désir de réussir en tant que représentant des ventes, vous devriez sans doute vous demander si vous êtes sur la bonne voie. Ainsi, vous évaluez vos aptitudes avec réalisme.

Bien que l'inspiration serve de point de départ, dans la plupart des cas ce sont la discipline et la maturité qui nous permettent de toucher la ligne d'arrivée.

« Si, par ailleurs, une telle peur ne vous atteint pas, avouez simplement que vous n'aimez pas être rejeté, donnez-vous la permission *de ne pas* consacrer plus d'efforts que nécessaire à aimer cette partie de votre travail, et faites ce que vous avez à faire. En sachant où vous vous situez par rapport à l'élément de rejet inhérent à votre définition de tâches, vous vous détachez émotionnellement d'un aspect contre-intuitif de votre travail et vous évitez autant que possible le stress né d'un certain risque d'échec. »

Ce qui me paraît le plus digne de mention dans cette approche pragmatique est qu'elle vous évite les attentes irréalistes — et exigeantes sur le plan émotif — de la réussite et de l'échec. Le point de vue de Fritz nous rappelle que, bien que l'inspiration serve de point de départ, dans la plupart des cas ce sont la discipline et la maturité qui nous permettent de toucher la ligne d'arrivée. Dans la très vaste majorité des expériences humaines, il y a toujours des éléments déplaisants qui font néanmoins partie du tableau. La passion engendre la vision. Ainsi, bien qu'il vous faille croire passionnément à vos objectifs, une telle intensité n'est pas indispensable à toutes les étapes de votre cheminement.

Bob Faulkner, un vétéran des courses d'endurance et l'un des meilleurs coureurs au monde, a fait sa marque en recourant justement à cet inventaire réaliste. Au milieu de la quarantaine, il gérait, entre autres, une imprimerie et une agence immobilière en pleine croissance, si bien qu'il disposait de peu de temps pour les sports, quels qu'ils soient. Un ami lui demanda néanmoins de se joindre à son équipe de soutien pour le triathlon Ironman de Penticton, en Colombie-Britannique. « À l'époque, je fumais deux paquets par jour, j'avais près de trente kilos en trop et je consommais régulièrement de l'alcool. Autrement dit, le quadragénaire que j'étais avait un pied dans la tombe. » Mais le triathlon Ironman le métamorphosa. Il vit là des individus dont la participation à la course avait dépendu d'une extraordinaire autodiscipline, et il se dit que, s'il s'y mettait, il pourrait joindre leurs rangs. « Aujourd'hui, dit Bob, je fais de la compétition d'endurance partout dans le monde et je me mesure aux plus grands. L'inventaire honnête de mes points forts — ma détermination, mon ambition, ma maturité — et de mes points faibles — piètre athlète, handicap de l'âge, manque de force physique — est ce qui me permet de réussir aujourd'hui. » Aujourd'hui, Bob est âgé de cinquante-six ans et il compétitionne contre des athlètes du monde entier qui sont deux fois plus jeunes et deux fois plus habiles que lui.

Il n'y a pas que les individus qui peuvent faire un tel inventaire ; il vaut autant pour les organismes et les entreprises. Supposons qu'un groupe de cadres de direction définissent ensemble leurs objectifs en se fondant sur leur GPO individuel ou les buts qu'ils se sont fixés. Cette étape franchie, ces cadres de direction entrent tout de suite en action. Pourtant, leurs objectifs se fondent souvent sur la notion erronée voulant que la perception de chacun sur la situation actuelle de l'entreprise, ses forces et ses faiblesses, soit identique. Ainsi, bien que le plan d'action proposé soit très précis et détaillé, il ne saurait correspondre parfaitement aux différents points de vue des décideurs qui l'ont conçu. Supposons qu'une entreprise veuille pénétrer de nouveaux marchés mais que la situation soit la suivante : les services techniques sont d'avis que la distribution est le talon d'Achille de la compagnie, l'équipe de vente juge que c'est plutôt dans les spécifications du nouveau produit que le bât blesse et les directeurs des opérations ne songent qu'à l'absence de structure de rapport dans la compagnie. Manifestement, l'inventaire des forces et des faiblesses de l'entreprise est si hétérogène qu'aucun plan d'action ne saurait s'harmoniser à l'ensemble des points de vue. Mais au contraire, si le groupe permet à chaque individu de s'exprimer et s'efforce de définir unanimement les atouts et les points forts de l'entreprise ainsi que les conditions du marché *avant* de mettre au point un plan d'action, celui-ci aura de bien meilleures chances de réussir.

Stimulez votre curiosité

Les deux premières stratégies se fondent sur le pragmatisme, tandis que la troisième demande aux ambitionnistes de se recentrer sur ce qui les pousse, sur ce qui les enthousiasme le plus, sur ce qui stimule leur curiosité. Au début de mes recherches sur l'importance de la maturité dans le contexte de l'ambition, je n'ai pas songé à la curiosité. Mais après m'être entretenue avec un certain nombre de personnes, il m'est apparu évident que la curiosité est, après tout, le reflet de nos goûts et de nos passions. Si nous en prenons soin, il est d'autant plus facile de surmonter nos échecs.

De nombreuses personnes nient leur curiosité et leurs désirs, préférant miser sur la respectabilité pour se réaliser. Que leur décision se fonde sur des influences extérieures ou sur le besoin d'être reconnus, ces individus sont en général dotés d'un fort esprit de compétition. Ils se mesurent aux autres au lieu de circonscrire leur propre ambition et leurs propres accomplissements, si bien que leur satisfaction est de courte durée. Au contraire, les personnes qui se fient à leur curiosité sont souvent capables de tirer parti de ce qui les intéresse le plus. Si elles mettent parfois du temps à trouver leur vraie vocation, quand elles y parviennent elles prennent le plus souvent les choses comme elles viennent, peu importe que ce soit un succès ou un échec.

Ainsi que le disait Samuel Johnson, « Pour un esprit ouvert et généreux, la curiosité est à la fois la première et l'ultime passion. » C'est pour cette raison que le docteur Susan S. Lieberman, directrice du programme de protection des espèces du Fonds mondial pour la nature n'a jamais dévié de la trajectoire de sa curiosité. Entre une expédition au Népal — où elle a participé à la réimplantation majeure d'une population de rhinocéros — et un voyage de recherche en Afrique, elle m'a accordé un entretien téléphonique d'une demi-heure. Voici son histoire :

Enfant, Susan était fascinée par les animaux domestiques et sauvages. Dans sa famille, ceux qui excellaient en sciences optaient pour la médecine, mais elle parvint à convaincre ses parents que des études de biologie lui conviendraient davantage. Après l'obtention de son doctorat, une bourse de recherches la conduisit au Costa Rica où elle vécut un moment très important : « Je suis restée assise toute seule pendant deux heures en pleine forêt vierge, et j'en ai été bouleversée. La diversité de ce milieu est immense ; je savais que je devais travailler dans le domaine de la biodiversité, m'orienter vers la conservation. Ma curiosité venait d'être allumée, si bien que, dès le départ, il ne m'a pas été possible d'ignorer le domaine où elle me poussait.

« Fidèle au modèle qui m'avait été inculqué, je me suis mise à la recherche d'un poste universitaire en me disant qu'il me faudrait étouffer mes intérêts plus vastes si je voulais être en mesure de travailler à quelque chose que j'aimais. Plus tard, après avoir mûrement réfléchi, je me suis éloignée de ce qu'on attendait de moi et j'ai accepté le poste qui m'était offert à la Humane Society of the United States. Mon rêve se réalisait. J'adorais la négociation, j'adorais l'application de principes directeurs, et j'occupais à Washington un créneau très stimulant. »

Plus tard, Susan fut engagée par le gouvernement américain pour travailler aux politiques de la CITES (Convention sur le commerce international des espèces de faune et de flore sauvages menacées d'extinction). Elle joua un rôle déterminant dans la mise en œuvre de l'interdiction visant le commerce de l'ivoire et participa à la conception d'une loi en 1992 interdisant, cette fois, le commerce de la faune aviaire aux États-Unis. Quand elle choisit d'aller vivre en Europe, il lui fut tout naturel de quitter le gouvernement pour se joindre à un organisme tel que le Fonds mondial pour la nature. Aujourd'hui, Susan coordonne au nom du fonds tout le travail d'élaboration des politiques mondiales concernant la CITES et les espèces menacées. Ces espèces incluent les éléphants, les pandas, les tigres et les gorilles, c'est-à-dire les espèces « vedettes », celles dont la préservation est indispensable aux écosystèmes et témoigne de leur bonne santé.

L'expérience de Susan à la négociation, à la communication avec les médias et à la mise en place de principes directeurs, tout cela a été rendu possible par le choix qu'elle avait fait il y a long-temps de se rendre dans la forêt vierge du Costa Rica. En stimulant sa curiosité et en ne se laissant pas influencer par la notion que d'autres personnes se font d'une situation enviable, elle a été en mesure de composer avec ses échecs et avec ses réussites tout au long de sa trajectoire personnelle. Elle clôt en riant le récit de sa vie : « Ma mère m'a enfin pardonné de ne pas être devenue méde-cin quand elle a lu une citation de moi dans le magazine *Time* ! » Finalement, le respect et l'approbation des autres (auxquels nous sommes tous sensibles) se sont laissés distancer par le sentiment qu'elle éprouve de faire œuvre utile.

Concentrez-vous sur les rebonds en série

Comme beaucoup de gens, j'ai toujours adoré le patinage artistique. Les exploits indescriptibles que ces athlètes réalisent sur de minces lames d'acier me fascinent. J'ai eu la chance inouïe d'interviewer Elena Berezhnaya, médaillée d'or olympique aux Jeux d'hiver de 2002 pour le patinage en couple, alors qu'elle se trouvait à Toronto pour participer au spectacle Stars on Ice. Malgré son jeune âge, Elena est non seulement un modèle de réussite, mais sa vie est un mer-veilleux exemple de maturité et de rebonds en série.

Elena a grandi dans la région de Nevinnomirsk, en Russie, près de la mer Noire. À l'âge de quatre ans, comme beaucoup d'enfants russes, elle et son frère ont passé, à la patinoire municipale, l'exa-men d'entrée aux cours de patinage artistique. Puisque sa mère n'avait pu dénicher nulle part de patins assez petits pour les pieds de sa fille, Elena dut chausser des patins trois fois trop grands pour elle. Cela ne suffit cependant pas à masquer son talent, si bien qu'un entraîneur la prit sous son aile à temps plein.

Quand elle eut douze ans, son entraîneur l'amena à Moscou où elle commença son entraînement de patinage en couple. Sa renommée monta en flèche et, après avoir patiné ensemble pendant deux ans, Elena, alors âgée de quinze ans, et son partenaire Oleg Slikhov devinrent le premier couple à représenter la Lettonie aux Championnats du Monde de 1993. Ils se classèrent quatorzièmes, puis se hissèrent rapidement dans l'échelle du succès l'année suivante quand ils occupèrent la huitième place aux Jeux olympiques de Lillehammer et la septième aux Championnats du Monde. Le couple était de plus en plus réputé pour sa vitesse, sa force et ses figures impressionnantes.

En dépit de leurs grands moments de gloire, le couple partageait un noir secret. Pendant des années, Oleg avait brutalisé Elena. Terrorisée, la jeune fille ne s'était jamais confiée à personne, pas même à sa mère. Mais en 1996, alors que le couple s'exerçait aux pirouettes arabesques, la lame du patin d'Oleg taillada la tête d'Elena. Les détails de cet incident varient selon la personne qui le relate, mais le dénouement est toujours identique. Elena fut transportée d'urgence à l'hôpital où elle subit deux chirurgies visant à retirer de son cerveau des fragments d'os. Miraculeusement, elle revint sur la patinoire quelques mois plus tard. « Je pense que les autres ont eu plus peur que moi, dit-elle. Moi, j'ai eu l'impression de réapprendre à marcher. »

Un traumatisme physique et psychologique aussi important aurait pu détruire la carrière d'une aussi jeune athlète, mais Elena concentra toute son énergie sur son rebond. Pendant cette période de crise, elle se lia d'amitié avec le patineur Anton Sikhrulidze et, moins d'un an après son accident quasi fatal, les deux jeunes participèrent à leur première compétition de patinage en couple. Ils se classèrent deuxièmes aux épreuves nationales russes en décembre 1997. Un an à peine après son accident, quelques autres victoires suffirent pour qu'Elena soit considérée comme l'une des meilleures patineuses d'Europe.

On pourrait croire qu'un accident aussi grave aurait été suffisant pour mettre fin à la carrière de cette jeune athlète. Mais Elena dut affronter un autre obstacle majeur. En de 2000, Elena et Anton qui avaient remporté deux fois le Championnat du monde et la médaille d'argent aux Jeux olympiques de 1998, durent se retirer des Championnats mondiaux de patinage artistique de 2000 quand Elena échoua au test de contrôle de dopage : les ingrédients d'un médicament en vente libre qui lui avait été conseillé pour une bronchite incluaient un stimulant interdit.

« J'ai pleuré pendant toute une semaine, dit-elle. Ensuite, je me suis rappelé que je faisais partie d'une équipe — avec Anton et mon entraîneur — et je me suis concentrée sur notre réussite commune. Nous nous sommes donc posé des questions très difficiles : Voulons-nous continuer à patiner ? Voulons-nous patiner ensemble ? Voulons-nous gagner ? Quand il fut clair que toutes nos réponses étaient affirmatives, nous avons convenu de cesser de regarder derrière pour regarder devant. »

Tandis que cette athlète, belle et menue, me faisait part de ses principes de vie, j'étais abasourdie d'avoir sous les yeux un exemple parfait d'ambitionnisme raisonné. L'homme d'état américain Bernard M. Baruch a noté un jour que « bien vivre, ce n'est pas éliminer les problèmes, mais bien évoluer grâce à eux. » Elena, par son jeune exemple, nous rappelle que rebondir plusieurs fois de suite n'est pas forcément une aptitude acquise, mais quelque chose que l'on peut choisir délibérément.

Développez votre force de caractère

En ce qui a trait à la maturité, les gens appréhendent de voir leur ambition décroître, pâlir et s'épuiser avec le temps, mais dans les faits, c'est le contraire qui est vrai. Les ambitionnistes raisonnés qui s'efforcent de développer leur aptitude à rebondir aussi souvent que nécessaire se voient forcés de façonner leur ambition de façon à ce qu'elle tienne compte non seulement de leurs aspirations professionnelles, mais aussi de tous les domaines de leur vie. Cela complique encore davantage la question de la maturité mais procure aux ambitionnistes un renouveau de dynamisme et de motivation.

En ce qui a trait à la maturité, les gens appréhendent de voir leur ambition décroître, pâlir et s'épuiser avec le temps.

Ainsi que l'explique Wayne Scott : « À vingt ans, si vous voulez gagner de l'argent, tout ce que vous entreprenez vise cet objectif. Mais à quarante ans, votre notion de la réussite risque d'être différente. Vous désirez sans doute vous développer culturellement, maîtriser de nouvelles aptitudes, rendre à la société ce qu'elle vous a donné, repenser votre entreprise. C'est un indice de maturité, une approche raisonnée qui montre que vous assimilez vos expériences de vie et que celles-ci se reflètent dans vos décisions. Quand vous mettez en pratique des principes plus évolués, vous êtes assuré de la constance de votre ambition, mais vous savez aussi qu'elle se manifestera de différentes façons en vous mettant chaque fois au défi. »

Le philosophe français Henri Bergson a dit : « Exister, c'est changer ; changer, c'est mûrir ; mûrir c'est n'avoir de cesse de se recréer. » Que le défi de la maturité consiste à prendre des décisions difficiles, à évaluer honnêtement vos aptitudes ou à vous engager à nouveau à stimuler votre curiosité, vous en récoltez un bienfait suprême : la force de caractère dont vous avez besoin à chaque fois que vous faites un pas qui vous rapproche de vos objectifs. Pour savoir si vous développez correctement votre force de caractère, dites-vous que la maturité rassemble cinq éléments qui sont des invitations à l'effort : la peur, les choix à faire, les responsabilités, le pouvoir et le rendement.

LA PEUR

Nos ambitions nous soufflent toujours des appréhensions. Certaines personnes ont peur de l'échec et des reculs que celui-ci

---

entraîne, tandis que d'autres appréhendent surtout la réussite et ses défis. Pourtant, la peur est nécessaire à la réussite, car elle nous impose des limites que nous devons apprendre à repousser. Nommer sa peur à voix haute est une excellente façon de l'amadouer. Chan Hon Goh parle ouvertement de la fin inévitable de sa carrière de première danseuse. Bob Faulkner n'hésite pas à mentionner son « âge et son manque de dons athlétiques » en tant que coureur d'endurance. Chan et Bob font preuve d'une grande maturité face à leurs plus grandes peurs. Qui plus est, ces appréhensions les poussent à développer leur force de caractère.

LES CHOIX À FAIRE

Lorsque vous avez affronté les pires appréhensions que vous inspirent vos ambitions, il vous faut assumer vos choix : autrement dit, il vous faut « être aux commandes. » Si vous laissez vos échecs définir qui vous êtes, vous succombez à leur pouvoir, mais si vous choisissez d'en tirer des leçons, vous décidez de composer avec eux et de vous concentrer sur ce qu'ils vous apportent. En d'autres termes, vous développez votre force de caractère en choisissant une ligne de conduite et non pas en vous laissant aller à être victime des circonstances.

LES RESPONSABILITÉS

Méfiez-vous de ce que vous souhaitez obtenir, car vos souhaits pourraient se réaliser ! Après tout, vos choix sont assortis de responsabilités — envers vos employés, le développement de votre entreprise, les risques que vous assumez et les conséquences de tout cela sur votre vie personnelle. Le cycle intégré de vos ambitions signifie que vous devez sans cesse réexaminer vos priorités, réajuster votre tir et en prendre la responsabilité. Le Dr Susan Lieberman a pris la décision de transposer sa passion pour l'environnement dans le domaine de la politique et de l'élaboration de principes directeurs. Ce faisant, elle a assumé les responsabilités inhérentes à toute action avant-gardiste (les politiques CITES qu'elle mettait de l'avant), de même que les conséquences de sa décision sur les membres de sa famille et ceux de ses amis qui auraient préféré la voir se consacrer à la médecine ou à l'enseignement. Bien qu'elle ait avant tout voulu réaliser ses rêves et satisfaire sa curiosité, sa constance a montré que, parallèlement à sa carrière, elle développait sa force de caractère.

LE POUVOIR

On croit souvent à tort que l'échec s'accompagne d'une perte de pouvoir. Mais le *véritable* pouvoir vient de ce que l'on peut réinventer le succès à la suite d'un échec. J'ai consacré un chapitre entier de mon premier livre aux femmes entrepreneuses et, comme il fallait s'y attendre, au rapport malaisé que les femmes entretiennent avec le pouvoir, le leur ou celui d'autrui. Susie Moloney — auteur à succès établie à Winnipeg que l'on a qualifiée de future Stephen King lorsqu'elle signa un contrat d'un million de dollars avec la compagnie de production de Tom Cruise pour l'adaptation de son roman d'horreur, *Pluies noires*, publié en 1998 dans sa version originale — dit, à propos du pouvoir dans le contexte de l'ambition : « Le pouvoir est incroyablement séduisant, mais à bien des égards, c'est un territoire vierge pour les femmes. » Je suis entièrement de son avis. Le pouvoir de Susie est venu de ce qu'elle a su renoncer à de petits emplois sans avenir pour se consacrer à son vieux rêve : écrire « les meilleurs romans d'horreur qui aient jamais été écrits. » L'ambition, pour elle, c'est se donner le courage de métamorphoser sa vie.

Qu'ils soient hommes ou femmes, les ambitionnistes raisonnés et mûrs savent que le pouvoir fait partie de leur inventaire de dons. Ils en font un usage responsable — dans leurs choix, leur victoire sur leurs appréhensions, leur rebond après un échec important. Le fait de reconnaître à sa juste valeur le rôle du pouvoir dans la trajectoire de notre ambition est non seulement un signe de maturité, mais aussi celui d'une grande force de caractère.

LE RENDEMENT

La force de caractère se reflète enfin dans vos actions et vos comportements, non pas dans vos pensées. C'est la raison pour laquelle le rendement est un aspect si important de l'aptitude à se relever et de la maturité. J'ai été mis devant une façon nouvelle d'envisager le rendement dans son rapport à la maturité en lisant un livre fascinant de David Brooks, *Les Bobos*. Dans cet ouvrage de «sociologie comique», Brooks décrit le style de vie hybride de la classe supérieure urbaine, avec son mariage de valeurs non conformistes et de sensibilité bourgeoise.

«Les entreprises, écrit-il, s'efforcent d'inculquer aux employés une faculté connue dans l'antiquité sous le nom de *metis* [...]. Disons qu'il s'agit de la connaissance pratique, de l'adresse, du bon tour de main. [...] Le *metis* suppose un apprentissage sur le tas, et non pas par le raisonnement ou la rêverie. [...] Par exemple, l'apprenti peut étudier les règles de l'art culinaire, mais seul un chef accompli saura quand il convient de mettre ces règles en pratique et quand il est possible de les contourner ou de les enfreindre.»

Dans le même ordre d'idées, c'est uniquement grâce à leur expérience pratique — leurs réussites et leurs inévitables échecs — que les ambitionnistes peuvent atteindre la maîtrise parfaite de leur vocation, mais aussi la maturité de tous leurs actes.

Le passage de l'étape de l'équilibre à celle de la maturité se caractérise par la force de caractère — vous avouez vos appréhensions, vous assumez vos choix et vos responsabilités, vous reconnaissez le rôle du pouvoir et vos actions témoignent de votre force de caractère. Dans sa quête d'équilibre, l'ambitionniste décidait de ce qu'il acceptait de sacrifier, tandis que, parvenu à maturité, il suit de près et ajuste constamment le rapport entre les différents éléments du cycle. Ainsi, compte tenu de la dynamique éternellement mouvante de l'ambition, la force de caractère se développe dès le départ.

Le mot de la fin

La maturité nous force à réfléchir et à nous évaluer correctement, mais elle représente également un arrêt nécessaire, celui qui permet aux ambitionnistes de procéder à l'inventaire des aptitudes qu'ils ont développées au cours des cinq premières étapes du cycle de l'ambition et, en guise de préparation à la septième et dernière loi de l'ambition, à identifier soigneusement ce qui compte le plus à leurs yeux.

Cette pause est un moment de solitude au cours duquel vous observez et assimilez les alentours avant de poursuivre votre route. Munis de leur nouvelle force de caractère, les ambitionnistes ont aussi appris à s'arrêter et à prendre le temps de vivre, à s'engager pleinement dans le présent tout en fonçant vers l'avenir.

Bob Faulkner relate un tel moment : « Je participais à une course en Alaska. Il était 3 heures du matin et je tirais seul un traîneau sur la rivière Yentna. Tout était gelé en profondeur, la température était de 40 degrés sous zéro et il n'y avait pas âme qui vive. J'ai levé les yeux et aperçu des aurores boréales d'une beauté inouïe. En dépit du froid sibérien, je me suis dit que la vie pouvait difficilement être plus belle.

« Ensuite, regardant droit devant, j'ai vu qu'une lumière venait dans ma direction. Au début, j'ai cru à une hallucination mais, bien vite, j'ai constaté que la lumière se rapprochait. J'ai enfin compris qu'il s'agissait d'un traîneau tiré par des chiens et je me suis écarté de la piste : en Alaska, il existe une loi orale selon laquelle les chiens ont la priorité sur les pistes. Debout près de la rive, j'ai regardé l'énorme attelage de chiens passer devant moi sans faire de bruit, et j'ai vu que l'équipage était conduit par une femme seule. Nous étions à quelque 80 kilomètres de toute civilisation. Nous nous sommes salués et elle a poursuivi sa route sans s'arrêter.

« Ce mariage de la beauté du moment et de la vue de cette femme solitaire avec son attelage de chiens en plein cœur de l'Alaska à 3 heures du matin, voilà une des raisons qui me poussent à faire de la course d'endurance. [...] Je pense à la beauté, à l'étonnement, au bonheur de ces aventures inattendues, et je me dis que c'est cela, précisément, qui en vaut la peine. »

SEPTIÈME LOI

La foi

Pour accomplir de grandes choses,
il ne suffit pas d'agir, il faut aussi rêver ; il ne suffit pas
de planifier, il faut aussi avoir la foi.
ANATOLE FRANCE

Souvenir : je viens de terminer mes études universitaires et je me prépare à ma première entrevue d'emploi. Je m'adresse à un conseiller en relations humaines qui se trouve à être un ami de la famille, et je m'efforce d'absorber le plus d'information possible et de retenir les ficelles du métier. De tout ce qu'il m'a dit, je me rappelle surtout ce qui suit : « Quand on te pose une question ou qu'on sollicite ton opinion sur un processus, une idée ou une approche, ne dis jamais "je crois" ou "je suis d'avis que", car tu ne ferais pas preuve d'un détachement suffisant, on croira que tu es trop subjective. Tes réponses doivent être objectives ; c'est ce que recherche un employeur potentiel. »

J'ai suivi son conseil et j'ai obtenu le poste. Mais au fil des ans, à mesure que j'avançais dans ma profession, que je dirigeais ma propre entreprise et que je formais les autres à l'éloquence et à l'écriture, j'ai pris conscience de la folie de cette approche. Certes, l'objectivité et le sang-froid sont indispensables à une bonne gestion d'entreprise. Mais les mots qui viendraient après « je crois », voilà ce dont se souviendront vos collègues, vos employés, vos clients et vos associés. Qui plus est, vous ne saurez visualiser votre plan de carrière de façon significative si vous ne vous concentrez pas sur vos convictions et si vous ne mettez pas celles-ci au défi.

La réévaluation de votre parcours

Comme toute étape finale d'un cycle, la Septième loi signale le regroupement de toutes les étapes précédentes et le point de départ d'un nouveau cycle. Il s'agit pour vous, sous le coup de la Septième loi, de reconnaître les critères auxquels vous mesurez votre système de valeurs, de réexaminer votre parcours et de renouveler vos ambitions de façon à enclencher un nouveau cycle de découvertes.

Ces trois objectifs ne sont pas faciles à atteindre. Dans ma quête de moyens pour vous aider à naviguer sur ces idées, j'ai identifié les stratégies et les scénarios qui s'étaient révélés fructueux pour les personnes que j'avais interviewées et pour moi-même tout au long de mes années de recherches. Un seul chapitre ne suffira jamais à couvrir tous les aspects de la foi, mais voici néanmoins les six stratégies qui méritent notre attention.

L'alignement de la tête, du cœur, du corps et de l'âme. Ces éléments influencent vos pensées, vos sentiments, votre réactivité et votre réflexion. Les ambitionnistes identifient les quatre éléments en jeu et, quand vient pour eux le moment de prendre des décisions, ils s'efforcent d'aligner harmonieusement les deux extrêmes les plus intimidants : la tête et le cœur.

L'actualisation de votre système de valeurs. Les six lois précédentes de l'ambition ont toutes tenu compte des valeurs personnelles. À cette étape finale, l'important n'est pas tant de remettre vos valeurs en question mais bien d'identifier celles qui se sont transformées et d'intégrer cette évolution dans votre notion de la réussite.

L'appel de votre vocation. Certains ambitionnistes éprouvent une forte appartenance à une cause, à une profession ou à un objectif. Le fait de découvrir si cela correspond à vos objectifs professionnels et personnels vous permettra de tracer pour vous-même un parcours différent de celui des autres. Cet acte s'accompagne d'un niveau de responsabilité qui influencera vos convictions et la forme que vous donnerez à votre ambition dans le futur.

La réinvention de soi. Au lieu d'attendre que des changements se produisent d'eux-mêmes, les ambitionnistes recherchent délibérément des façons de se réinventer, qu'il s'agisse d'un léger ajustement à leurs objectifs professionnels ou d'un changement radical de territoire. D'une manière ou d'une autre, la réinvention de soi vous aidera à réévaluer votre parcours et à renouveler votre engagement envers vos valeurs personnelles.

L'accueil de la part d'inconnu. L'ambition, comme tout ce qui est insaisissable, comporte une part d'inconnu. Les ambitionnistes savent que l'imprévisible jouera toujours un rôle dans leurs décisions et leurs convictions.

La transmission de votre patrimoine. L'individu qui élabore ses propres objectifs transforme sa force d'impulsion et son dynamisme en un patrimoine durable qu'il peut transmettre à la génération suivante. Qu'il se sente ou non appelé à une vocation, qu'il ait ou non des activités bénévoles, l'ambitionniste authentique vise toujours la transmission de son patrimoine.

L'alignement de la tête, du cœur, du corps et de l'âme

Il y a toujours quelques plaisantins ardents à nous bombarder de platitudes destinées à nous garder sur le qui-vive : « sachez trouver le bonheur », « épanouissez-vous », « visez la créativité », « planifiez stratégiquement », et ainsi de suite, *ad nauseam*. L'un de ces buts impossibles à atteindre consiste à aligner la tête, le cœur, le corps et l'âme dans le travail que vous choisissez d'accomplir. En étudiant attentivement à nouveau chacun des entretiens du présent ouvrage, j'ai constaté la présence d'un mécanisme étonnant: c'est précisément dans la poursuite de cet objectif fugace que réside la réussite. Au lieu de s'astreindre à tenter l'alignement de ces quatre éléments, l'ambitionniste trouve le succès dans le fait de reconnaître leur importance.

La tête: L'exercice de l'intelligence et de la connaissance analytique débouche sur l'objectivité du processus décisionnel. Néanmoins, s'il est dépourvu de l'équilibre que lui procurent les trois autres éléments, cet esprit d'analyse en vient à fonctionner de travers. Ne vous enfermez pas dans des décisions strictement rationnelles; souvenez-vous que la force d'impulsion et le pouvoir du cœur vous feront progresser.

Le cœur: Le cœur se situe à l'autre extrême. Il est le pouls de vos ambitions. L'élan du désir est le déclencheur de l'intuition et du sens de la nuance, deux vertus indispensables pour nous valoir le soutien de notre entourage et pour faire des choix opportuns. Par le fait même, le cœur qui agit seul peut vous pousser à prendre des décisions purement subjectives qui risquent d'être irrévocablement désastreuses.

Le corps: Il est indubitable que le soin que nous prenons de notre corps affecte la qualité de notre fonctionnement, non seulement sur le plan physique, mais aussi sur le plan de l'intellect et des émotions. De nos jours, la vitesse à laquelle nous sommes forcés de vivre, de décider, de changer, de nous adapter et de réagir est telle que nous devons nous assurer que notre corps pourra garder la même allure que notre ambition. Du même coup, nous devons veiller à intégrer notre besoin d'activité physique, de repos et de récupération dans la poursuite de nos objectifs.

L'âme: Au bout du compte, nos choix et nos actes sont le reflet de notre foi. On parle fort peu de l'âme dans l'univers des affaires. Pourtant, l'âme est la raison pour laquelle nous faisons travailler notre cerveau; elle est la source de nos réactions émotionnelles; enfin, elle nous incite à rechercher ce que nous valorisons. La part d'âme la plus importante dans le contexte qui nous occupe est celle qui regroupe nos convictions, car ces convictions sont à l'origine de la création de notre patrimoine. Lorsque Jim Collins, auteur de *Good to Great: Why Some Companies Make the Leap... and Others Don't*, demande à ses clients de décider comment ils souhaitent qu'on se souvienne d'eux dans cent ans, il leur demande en réalité de renouveler leur engagement envers leur système de valeurs et dans l'intégration de celui-ci dans leurs réalisations professionnelles.

L'âme est la raison pour laquelle nous faisons travailler notre cerveau; elle est la source de nos réactions émotionnelles; enfin, elle nous incite à rechercher ce que nous valorisons.

Bien entendu, tous ces éléments s'opposent les uns aux autres. L'importance de chacun fluctue en fonction des défis que nous affrontons et de notre aptitude à les relever. Certaines personnes placent spontanément leurs exigences physiques au-dessus de celles de la tête et du cœur; pour d'autres, le point de départ consistera en un examen de conscience. Quelles que soient vos préférences, il est pratiquement impossible d'équilibrer en tout temps ces quatre éléments de façon parfaite. *Ce qui compte*, c'est de s'assurer qu'ils sont toujours en relation les uns avec les autres. En adhérant à ce processus, au lieu de vous fier aux autres, vous concevrez une notion très personnelle de l'ambition, du désir et de la réussite.

FAIRE DES CHOIX AVEC SON CŒUR OU AVEC SA TÊTE?

Au fil des ans, chaque fois que j'ai mis mes clients, mes sujets ou mes collègues au défi d'aligner leur tête, leur cœur, leur corps et leur âme, la plupart m'ont confié que l'aspect le plus difficile de leurs prises de décisions et de gestion de leurs objectifs était le conflit entre leur tête et leur cœur. Après tout, la plupart des gens soignent leur corps pour conserver leur énergie et leur dynamisme. Quand vient le moment de s'occuper de leur âme, rares sont ceux qui ont le temps ou l'envie de s'occuper jour après jour de ce qui les dépasse. L'attention des gens est davantage sollicitée par le conflit entre ce que leur soufflent leurs émotions et ce que leur dicte leur tête. Bien que cette dichotomie soit potentiellement très conflictuelle, elle peut, si on sait la gérer, donner lieu à des succès renouvelés et à des réalisations de plus en plus grandes. Au bout du compte, ce conflit sert à ranimer notre système de valeurs.

Kate Spade est une entreprise mondialement connue qui emploie quelques centaines de personnes et a un chiffre d'affaires de 70 millions de dollars. J'ai beaucoup d'admiration pour les sacs à main et autres articles que fabrique cette société, mais je suis surtout fascinée par la façon dont elle tire son épingle du jeu face à une concurrence acharnée. J'ai donc demandé à Andy Spade, l'associé et le compagnon de vie de Kate Spade, comment il envisageait les quatre éléments. Voici sa réponse :

« Je dois faire très attention à moi physiquement, car le rythme du travail est très exigeant. Je dois donc faire en sorte de m'oxygéner régulièrement, de sortir de New York et de dorloter un peu mon corps. L'âme ? C'est un domaine si inconnu… je pense que chacun lutte à sa façon avec son âme, et sait qu'il n'y aura jamais de fin à ce conflit. Je dirais donc que l'élément « tête » est plus facile à gérer pour moi que l'élément « cœur ». Je suis une personne très émotive ; bien que l'homme d'affaires en moi sache ce qu'il doit faire (autrement dit, j'ai les idées claires), mon cœur se bat parfois avec les décisions que je dois prendre. Quand nous devons faire des choix qui surchargent nos émotions — par exemple, quand nous devons congédier un employé — Kate et moi avons du mal à nous en libérer. En fin de compte, je préfère qu'on se souvienne de moi comme d'un homme intéressant et bienveillant plutôt que comme un homme d'affaires futé. Ainsi, je peux dormir sur mes deux oreilles. »

Confrontés à des choix difficiles, nous devons répondre à l'interrogation suivante : devons-nous nous fier à notre intuition ou à notre rationalité ? C'est lorsque nous soulevons cette question en tant qu'associé, patron ou directeur qu'il est le plus difficile d'y répondre. Par exemple, l'employeur analyse-t-il l'apport d'un employé à l'entreprise pour ensuite le congédier uniquement sur la base de son rendement, ou juge-t-il opportun de l'affecter à un autre poste, car il le sait loyal et dur à la tâche ?

Je crois de beaucoup préférable — et je ne suis pas le seul à le penser — d'apprendre à laisser votre tête veiller sur votre cœur et identifier ses occasions de bonheur.

J'ai déjà eu une assistante qui avait du mal à s'intégrer à notre culture d'entreprise. Je lui ai accordé deux mois pour faire ses preuves, à la suite de quoi j'en suis venue à la conclusion que ça ne fonctionnerait pas. Je lui ai expliqué pourquoi il me semblait préférable de la remercier de ses services et je lui ai offert une prestation de départ adéquate. À ma grande surprise, quelques jours plus tard elle m'expliqua pourquoi notre association fut un échec, et elle me suggéra une autre façon de faire, une structure de travail différente, plus efficace et plus agréable. Sa persistance et son courage m'ont tant impressionnée que j'ai convenu de lui accorder un mois de plus pour vérifier ses dires. Ce fut une réussite totale. Elle est demeurée au service de la compagnie pendant trois ans et s'est révélé être la meilleure de toutes mes assistantes. Si je n'avais écouté que ma tête, elle aurait été congédiée tel que prévu. Mais en me fiant à mon intuition, j'ai non seulement gardé une excellente employée à mon service, mais aussi reflété mes valeurs dans mes actes par le mariage de la tête et du cœur.

Le conflit entre la tête et le cœur a un rôle à jouer dans le « quotient de bonheur » de chacun. Voici l'explication qu'en donne Po Bronson : « Si vous basez vos décisions uniquement sur votre rationalité, vous visez par là des buts enthousiasmants et stimulants et vous espérez engendrer beaucoup d'activité et de "transactions." Mais vous niez par le fait même à vos émotions l'enrichissement et le bonheur auxquels elles aspirent. Je crois de beaucoup préférable — et je ne suis pas le seul à le penser — d'apprendre à laisser votre tête veiller sur votre cœur et identifier ses occasions de bonheur. Ce faisant, vous encouragez votre ambition à se créer un espace vital plus satisfaisant sur tous les plans. »

Le quotient de bonheur est au cœur même du mode de vie professionnel de Kate et Andy Spade. Ces temps-ci, la marque Kate Spade est très connue et très courue, mais le couple ne cherche pas à dominer le marché. « Nous préférons faire partie des dix premiers, car cela nous permet de gérer notre entreprise sans nier nos valeurs fondamentales. Nous aimons ne pas être le numéro un, car cela nous donne le temps de nous occuper de ce qui compte pour nous. Nous pouvons ainsi « mitonner des stratégies de vie avant de nous doter de stratégies d'affaires », ce qui signifie que nous écoutons notre tête *et* notre cœur sans que l'un l'emporte sur l'autre. Voilà ce qui est pour nous le plus important. »

Le quotient de bonheur en affaires n'est pas seulement un critère qualitatif ; il affecte aussi les états financiers. De nombreux ouvrages et un grand nombre d'études s'intéressent au conflit entre la tête et le cœur, particulièrement en ce qu'il affecte la motivation des employés et leur productivité. Par exemple, le Career Innovation Group (Groupe d'innovation professionnelle), qui regroupe des multinationales de premier ordre, a récemment réalisé un sondage intitulé « Inspiration at work » (L'Inspiration au travail), qui se penche sur les motivations secrètes et non financières des nouveaux entrepreneurs, des ONG, et des organismes caritatifs dans le cadre d'un projet visant à identifier les « entreprises inspirantes. »

Ce sondage découle d'un sondage Gallup préalable, selon lequel « moins du quart de la main-d'œuvre est pleinement "engagée" dans son travail, occasionnant ainsi une perte annuelle de 300 milliards de dollars par année à l'économie américaine (50 milliards de livres sterling en Grande-Bretagne). »

« Les pertes associées au désengagement du cœur et de l'esprit des gens sont pharamineuses. La productivité d'une nation en souffre, quel que soit le climat économique », signale le directeur du sondage, Charles Jackson. « Mais c'est dans les périodes difficiles que l'engagement individuel est mis au défi. Notre recherche initiale a démontré que les entreprises ayant un but bien précis sont aptes à soutenir leur personnel en temps de crise. La loyauté à une cause et la loyauté envers les collègues sont encore très prisées. »

La mise à jour du système de valeurs

À la troisième étape de leur parcours, celle de l'appartenance, les ambitionnistes doivent se définir un système de valeurs afin de se rallier des équipiers et de favoriser l'engagement de ces derniers. Parvenus à la fin du cycle, les ambitionnistes s'arrêtent tout juste assez longtemps pour vérifier que leurs valeurs premières sont toujours aussi significatives.

Le gestionnaire de rendement Mackie Shilstone n'y va pas par quatre chemins : « Si vous voulez savoir comment vivre votre vie, vous devez d'abord vous demander de quelle manière vous désirez mourir. Cela pourrait sembler morbide ou tragique, mais cela vous aide à identifier vos priorités puis à vous orienter sur vos objectifs avec rapidité et avec précision. »

Par exemple, si vous souhaitez être un « jeune vieux » quand vous mourrez, vous voudrez sans doute vous adonner à des activités très exigeantes et relever de grands défis le plus longtemps possible, jusqu'à ne plus avoir la force physique de continuer. Si vous préférez prendre bien soin de vous-même et observer une certaine retenue, votre orientation professionnelle et vos activités exigeront sans doute moins d'efforts et plus de prudence de votre part. Le fait de réfléchir à votre dernière heure vous forcera tout naturellement à nommer vos priorités. Il n'y a guère de moyen plus efficace ou plus rapide de vous assurer que vous ne vous encombrez pas de valeurs surannées. Il se pourrait que votre système de valeurs soit précisément ce qui vous empêche d'aller de l'avant.

La mise à jour de nos principes consiste tout simplement à retrancher ce qui a perdu de son efficacité. Dans son best-seller *Good to Great*, Jim Collins a inclu une « Liste de choses à ne plus faire ». Les individus dont les entreprises sont passées de « compétentes » à « exceptionnelles » ont recours à de telles listes pour débarrasser la compagnie du « rebut accessoire ». Les ambitionnistes gagneraient eux aussi à se créer une liste de « choses à ne plus valoriser », autrement dit à identifier les valeurs qui ont cessé de leur être utiles ou qui ne reflètent plus leurs convictions profondes.

Lorsque Kate et Andy Spade ont décidé de se lancer dans la fabrication de sacs à main, ils ne se sont pas dit qu'ils voulaient devenir les meilleurs fabricants de sacs à main au monde. « Notre objectif était avant tout d'avoir une vie enrichissante et intéressante. Nous nous sommes dit qu'une entreprise que nous aurions fondée nous-mêmes pourrait refléter notre mode de vie. » Essentiellement, Andy et Kate ont réfléchi à leurs priorités pour ensuite trouver le moyen, le lieu, le véhicule qui puisse renfermer, transmettre et refléter leurs valeurs personnelles. Ils ont transposé cette philosophie de vie dans leur entreprise. « Nous croyons à l'élégance et à la courtoisie. Nos modèles, notre gestion, et la façon dont nous traitons nos employés sont le reflet de ce point de vue. La marchandise de Diesel est à la coule, celle de Calvin Klein est sexy, mais pour nous, c'est différent. Nous misons sur l'élégance. Selon nous, Grace Kelly et Katharine Hepburn sont très représentatives de cette élégance-là. Nous exigeons un service à la clientèle courtois, et nos annonces reflètent ce principe. Au bout du compte, l'univers que nous avons créé est la représentation de notre système de valeurs. »

Un grand nombre de personnes ont des priorités claires quand elles se lancent dans l'aventure, puis elles découvrent que leur univers ou leur milieu de travail mine leurs principes et leurs priorités. Encore une fois, il est indispensable de revoir périodiquement votre système de valeurs et de lui harmoniser votre éthique professionnelle. Andy et Kate, nés respectivement en Arizona et à Kansas City, ont dû affronter un tel défi à leur arrivée à New York. « Quand nous sommes arrivés ici, nous avons compris ceci : pour qu'on ne nous confonde pas avec tout un chacun, nous devions mettre en place une saine culture d'entreprise et y adhérer. Nous n'avions pas d'autre choix. Nous savions que seule une entreprise qui reflète nos principes fondamentaux serait viable. Sans doute n'est-ce pas ainsi qu'agissent les entrepreneurs futés ou animés d'un fort esprit de concurrence, mais, ainsi que le dit Kate, nous aimons dormir sur nos deux oreilles. »

L'appel de votre vocation

Si le but de l'étape de la foi est de vous inciter à inventorier vos valeurs pour mieux les harmoniser à vos objectifs et à vos désirs futurs, le moment est venu pour les ambitionnistes de savoir s'ils ont répondu à l'appel d'une vocation authentique. Mais il importe d'éviter les jugements de valeur. Posez-vous plutôt les questions suivantes : Si je pouvais occuper quinze heures de la journée à une seule activité, de quoi s'agirait-il ? Servir les autres me motive-t-il ? Puis-je m'imaginer faisant tout autre chose ? Est-ce que j'assume pleinement les responsabilités inhérentes au travail que j'ai choisi ?

J'aimerais rappeler dans cette optique l'entretien que m'accordait le Dr Larry Norton, oncologue renommé du Memorial Sloan-Kettering Cancer Center, à New York, et un leader mondialement réputé dans le traitement du cancer du sein. Il a été nommé membre du National Cancer Advisory Board (Commission nationale consultative sur le cancer) de l'Institut national du cancer (États-Unis) et il occupe le poste de président de la National Alliance of

Breast Cancer Organizations (Alliance nationale des organismes pour le cancer du sein). Il est surtout reconnu pour favoriser une approche thérapeutique de «densité de dose», soit une administration nouvelle et plus efficace des médicaments anticancéreux fondée sur un modèle mathématique qu'il a mis au point avec ses collègues. En bref, cet homme a fait preuve d'une passion inégalée pour sa profession. Le fait est qu'il n'a pas eu le choix : il a entendu l'appel de sa vocation.

Au fond, dès mon jeune âge j'ai voulu accomplir quelque chose de durable, peu importe quoi.

Après avoir franchi l'habituel barrage du département des relations publiques de l'hôpital, je me suis retrouvée, au Memorial Sloan-Kettering, dans le bureau de Larry Norton, une pièce encombrée de revues médicales, de documents et de graphiques, avec un téléphone qui n'arrêtait pas de sonner. L'histoire de Larry commence sans doute comme celle d'un grand nombre de médecins. «Très jeune, j'ai voulu devenir médecin. Un membre de ma famille, de qui j'ai toujours été très proche, est chirurgien vasculaire. Il m'a beaucoup influencé, car il a toujours soumis mes idées à l'épreuve de la réalité. Au fond, dès mon jeune âge j'ai voulu accomplir quelque chose de durable, peu importe quoi. Pour être sincère, je ne me souviens pas d'avoir jamais écarté la médecine de mes projets. »

Entre le fait de savoir ce que vous voulez faire et connaître votre vocation, il y a parfois une marge. En ce qui concerne Larry, deux événements cruciaux l'ont directement orienté vers ses importantes réalisations d'aujourd'hui.

Le premier de ces événements eut lieu quand Larry était un élève de deuxième année du primaire dans une école publique du Bronx. Le professeur d'art substitut demanda aux élèves de dessiner la statuette de cow-boy qu'elle avait apportée en classe. Quand ils eurent terminé, elle dit à Larry : « Tu as fait un très beau dessin, Larry. Pourquoi n'essaierais-tu pas maintenant de dessiner la statuette de dos ? » Il resta à sa place et dessina le dos de la statuette tel qu'il l'imaginait. « Quand j'ai eu fini, j'ai vu que tous mes camarades s'étaient déplacés de l'autre côté de la statuette. Au lieu de me réprimander, la prof vanta mon aptitude à voir le dos de la statuette sans me lever de ma place pour me transporter de l'autre côté de la classe. Cela m'a donné confiance. J'ai constaté que j'étais doué pour voir ce que d'autres ne voyaient sans doute pas.

« Ensuite, au collège, j'étudiais la chimie organique, une matière très importante du cours prémédical. Comme tout le monde, j'étudiais très fort dans le but d'obtenir les meilleures notes possibles. En consultant le manuel, j'étais tombé sur la représentation, sous tous ses angles, d'une molécule de sucre. En observant cette molécule complexe, j'appliquai les mêmes dons visuels qui m'avaient servi en deuxième année et que j'avais perfectionnés au fil des ans en imaginant le modèle sous le plus grand nombre de points de vue possibles et en dessinant ceux-ci. Je compris tout de suite que cette représentation d'une molécule était incorrecte et signalai cette erreur à mon professeur. Il m'approuva et me suggéra d'écrire à l'éditeur du manuel — ce que je fis. Plusieurs semaines plus tard, je reçus une réponse de l'éditeur qui me disait que ce manuel avait subi cinq révisions et avait servi à plusieurs générations d'étudiants sans que personne ne note cette erreur. Il promit de lui apporter un correctif dans la prochaine édition. L'auteur proposa aussi de venir prononcer une conférence à mon collège. La simple reconnaissance de ces experts a été pour moi extrêmement gratifiante. »

Larry comprit que, non seulement éprouvait-il un grand désir d'accomplir quelque chose de durable dans le domaine médical, mais aussi que son aptitude à voir les choses sous un angle différent des autres pourrait sans doute l'orienter vers une découverte révolutionnaire. Ce fut effectivement le cas. Aujourd'hui, ses méthodes non conventionnelles de traitement du cancer se fondent sur un modèle mathématique qui lui fut inspiré par ses dons visuels. Des milliers de personnes ont bénéficié de ses méthodes de traitement, censées réduire de 31 p. 100 chaque année les risques de décès dus au cancer du sein. Voilà une vocation digne d'être suivie !

Lorsque j'ai demandé à Larry de me dire comment il a fait pour savoir qu'il s'agissait d'une vocation et non pas d'une simple profession, voici quelle a été sa réponse :

« Il y a plusieurs années, je prononçais à Cincinnati une conférence sur le cancer du sein devant une salle remplie de médecins et de spécialistes. En regardant l'auditoire, j'y vis, comme d'habitude, des médecins et des infirmières, mais aussi deux personnes qui ne cadraient pas avec les autres. L'homme portait un complet-veston, et l'on voyait qu'il n'en avait pas l'habitude. La femme portait une robe manifestement neuve. Ils avaient un visage buriné et des mains calleuses. Ils juraient dans le décor. À la fin de la première séance de la journée, ce couple vint vers moi. Ils étaient fermiers. Trois ans auparavant, la femme avait souffert d'une forme très agressive de cancer du sein. Elle consulta le médecin local qui la référa à un spécialiste de la grande ville. C'était hors de question : le couple n'avait pas d'argent et ne pouvait pas s'absenter de la ferme. Elle se contenta de demander au médecin de faire tout ce qui était en son pouvoir.

« Ce médecin avait lu peu de temps auparavant un article que j'avais signé dans lequel je décrivais ma méthode. Il me contacta par téléphone et nous évaluâmes longuement les doses de médicaments qu'il devrait administrer à sa patiente en nous basant sur l'approche mathématique que j'avais mise au point. Ce médecin suivit mes instructions à la lettre et sa patiente réagit magnifiquement. Elle subit une chirurgie et reçut un traitement de chimiothérapie dans son patelin. Trois ans plus tard, elle était en rémission complète. Quand le couple sut que je venais à Cincinnati, ils parcoururent près de deux cents kilomètres, s'enregistrèrent et payèrent pour assister à ma conférence afin de venir me dire que j'avais sauvé la vie de cette femme. Ils voulaient me remercier d'avoir transformé leur vie à jamais. »

En me relatant cette histoire, les yeux de Larry s'humidifient et les miens aussi. « Quand on vit des moments comme celui-là, qu'on appelle cela de l'ambition, une vocation, une certitude ou un engagement, c'est sans importance. Le simple fait d'écrire un article basé sur votre travail — et oui, cela fait partie de votre boulot, mais savoir que vous pouvez sauver la vie d'une personne que vous ne connaissez pas et qui vit à l'autre extrémité du pays... — cet effet à distance est au centre de ma vie. Si vous me demandiez de définir l'ambition, je dirais que ce serait pour moi d'influencer ainsi autant de vies possibles et le plus longtemps possible. »

La réinvention de soi

Bon nombre d'individus n'entendent pas l'appel d'une vocation, ou, s'ils l'entendent, ils ne savent pas le reconnaître. Mais pour ceux d'entre nous qui s'efforcent de définir le travail qu'ils accomplissent eu égard à qui ils sont, il importe de savoir que l'ambition évolue sans cesse et que rien n'est statique. En découvrant des façons de remodeler leurs convictions à la lumière de leur réinvention de soi, les ambitionnistes peuvent conférer un sens à leurs activités professionnelles.

Supposons que vous êtes à l'emploi d'une société que vous admirez, que vos responsabilités sont à la hauteur de vos aptitudes et que vous êtes motivé à relever des défis et à donner le meilleur de vous-même. Mais voilà que cette société est vendue, que la culture d'entreprise subit une transformation radicale et que vous ne vous sentez plus valorisé, ni pour votre personnalité ni pour votre apport. Vous pensiez avoir trouvé ce qui vous convenait et vous voilà contraint de réexaminer votre situation, vos aptitudes, vos dons, vos désirs et vos convictions.

Beaucoup de gens optent pour suivre le courant plus longtemps que nécessaire. En évitant de faire le point, vous ressentez ce que j'appelle «un malaise ambitieux» — vous pensez que vous vous efforcez d'atteindre vos objectifs, alors qu'en réalité vous rejouez mentalement une vieille rengaine qui a perdu tout son à-propos.

En découvrant des façons de remodeler leurs convictions à la lumière de leur réinvention de soi, les ambitionnistes peuvent conférer un sens à leurs activités professionnelles.

Ce malaise s'installe parfois en vous parce que vous avez évité l'exercice indispensable qui consiste à vous réinventer dans le but de reformuler vos convictions. Au départ, vous aspiriez à la gloire et maintenant vous désirez la stabilité; vous vouliez gagner beaucoup d'argent et maintenant le temps a beaucoup plus d'importance à vos yeux; vous vous étiez cru capable de gérer votre propre entreprise et vous constatez maintenant que vous êtes beaucoup plus habile à diriger des employés dans la structure d'une grande société. Quel que soit l'élément déclencheur, l'ambitionniste se réinvente régulièrement pour que ses convictions correspondent toujours à ses aptitudes. Bien entendu, puisqu'ils ont su se définir et définir leurs activités professionnelles dans le contexte des six premières étapes de l'ambition, soit la révélation, la focalisation, l'appartenance, la force d'impulsion, l'équilibre et la maturité, ils s'appuient sur des bases solides et peuvent, si nécessaire, faire d'importants pas en avant à la dernière étape du cycle.

La réinvention de soi n'est pas toujours un processus facile et elle exige parfois un coup de fouet pour démarrer. Les ambitionnistes n'ont de cesse de s'interroger à des moments importants de leur carrière ou de leur vie: «Quelles sont mes convictions?» ou encore, «Qu'est-ce qui compte le plus à mes yeux?» Vous pouvez vous réinventer radicalement, par exemple en changeant complètement de domaine professionnel, ou encore subtilement, par exemple en trouvant un équilibre entre votre travail et votre vie personnelle qui s'ajuste mieux à vos nouvelles valeurs.

Je connais une responsable de la mercatique qui avait très envie d'écrire un livre, mais qui devait gagner sa vie et celle de sa famille. Après plusieurs emplois à temps partiel qui la fatiguaient trop et ne lui laissaient pas assez de temps pour écrire, elle comprit qu'elle n'avait pas structuré sa vie en fonction de ce qui lui tenait à cœur. Dès qu'elle eut pris la ferme décision d'écrire, elle trouva un poste dans les relations publiques où elle pouvait tirer parti de ses dons et se réserver trois jours d'écriture par semaine. Il lui suffit donc de se redéfinir (« Je ne suis plus responsable de la mercatique, je suis relationniste pigiste ») pour se libérer d'un ancien système de valeurs et concentrer son attention sur ses convictions nouvelles.

L'ALTRUISME ET LE RENOUVEAU

Habituellement, on se consacre d'abord à sa carrière et, une fois à la retraite, on se dévoue à une bonne cause. Souvent, c'est parce qu'il n'est guère possible de faire autrement. Il faut avant tout gagner sa vie et le peu de temps et d'énergie qui nous restent, nous les offrons à notre famille et à nos amis. Mais le fait de réussir à introduire dans notre quotidien des activités bénévoles, peut contribuer à renouveler notre système de valeurs et à réaligner notre tête, notre cœur, notre corps et notre âme sans devoir transformer radicalement notre travail. Au cours de mes recherches sur l'altruisme, j'ai trouvé une inspiration et un éclairement dans deux régions opposées du monde et dans des domaines de travail tout à fait différents. Parlons d'abord de Franco Carlotto.

Franco a remporté six fois le titre de Champion du monde de culturisme. Il a grandi dans un petit village suisse du nom d'Oberuzwil. Petit, il ne s'intéressait guère à l'activité physique. Quand il lisait des textes sur des personnages aussi variés que Gandhi, Mère Teresa et Mohammed Ali, les obstacles que ceux-ci avaient dû franchir non seulement pour réussir, mais aussi pour devenir des héros aux yeux des autres, le fascinaient. Dès l'enfance, il se promit donc de devenir lui aussi un héros et une inspiration pour les autres.

À dix ans, il fut initié au culturisme et se donna comme but de devenir champion du monde. Mais plus le temps passait, plus il constatait la fréquence dans son milieu de l'usage des stéroïdes et d'autres drogues. Il refusa pour lui-même tout soutien artificiel, bien résolu à remporter le championnat au seul mérite. Ce thème est depuis lors au centre de sa carrière.

Franco remporta pour la première fois le championnat junior à l'âge de dix-sept ans, et remporta ce titre six fois d'affilée. Aujourd'hui, il gère Fitness for Kids, un organisme sans but lucratif dont la fonction est d'inspirer et d'enseigner aux jeunes à réaliser leur plein potentiel en veillant sur leur santé et leur bien-être par une saine alimentation, une activité physique régulière et une attitude positive. Cet organisme dispense des programmes de formation partout dans le monde, et collabore avec des institutions d'enseignement, des familles et des enseignants dans le but de réduire le taux d'obésité des jeunes et d'encourager les adolescents à adopter des pratiques saines et à s'adonner à une activité physique régulière. Qu'il s'adresse aux élèves d'une école élémentaire en Suisse ou qu'il participe à une entrevue à CNN afin de diffuser les principes qui forment la base de son programme de formation, Franco s'emploie à aider les autres à se réaliser grâce à une bonne santé et une bonne forme physique.

Franco sait ce qu'il veut, mais il sait aussi que son altruisme n'a de cesse de contribuer au renouvellement de son système de valeurs. «À ma place, beaucoup de gens chercheraient à accumuler beaucoup d'argent par des publireportages ou de la promotion de produits. On m'a souvent approché dans ce but, et même s'il m'est arrivé d'être alléché par les gains potentiels, j'ai toujours refusé de m'engager dans cette voie. Qu'est-ce que cela m'apporterait au bout du compte ? Rien. Tandis que mon travail me permet de réaliser mes plus grands rêves et ma première ambition qui était d'être un héros pour certains et d'inspirer des millions de personnes partout dans le monde. »

Quand j'ai demandé à Franco comment, selon lui, on peut transformer une ambition à l'état brut en un travail qui a du sens, sa réponse alla droit au but : « Il faut trois choses : il faut avoir du cœur, il faut être passionné, et il faut croire à ce que l'on fait. Le cœur est le plus important, car si au départ il n'y a pas d'amour dans ce que vous faites, ce que vous faites ne compte pas. C'est le cœur qui le premier façonne vos idéaux. Ensuite vient la passion. Sans passion, il est difficile de trouver l'énergie nécessaire pour persister. Et enfin, il faut avoir la foi, croire à ce que l'on fait. Sans cette foi, l'ambition a beau être grande, elle reste vide. »

La réinvention de soi naît parfois d'un besoin, avant de trouver son épanouissement dans un tout nouveau contexte de sens. Lynne Franks, qui dirigeait dans les années 1980 et 1990 l'une des plus grandes entreprises de relations publiques de Grande-Bretagne, est un exemple typique de cela. Lors de mon entretien avec elle à Majorque, en Espagne, ses propos sur le renouveau et la réinvention de soi m'ont beaucoup touchée.

Lynne grandit à Londres et abandonna ses études à l'âge de seize ans. Elle voulait depuis toujours être journaliste et, comme elle le dit elle-même, le meilleur moyen d'y parvenir était de trouver un emploi de secrétaire dans une publication. Elle fut donc engagée par un magazine pour adolescentes et rédigea de temps à autre de petits articles. Quand elle ne put obtenir le poste de journaliste dont elle rêvait, elle alla travailler quelques années dans une agence de relations publiques. À cette époque, les relations publiques étaient un domaine nouveau. À vingt et un ans, elle avait accumulé assez d'expérience dans les relations avec la presse et les campagnes de relations publiques pour se sentir prête à ouvrir sa propre agence.

Comme beaucoup d'entrepreneurs audacieux, Lynne travailla d'abord de chez elle. Sa première cliente, Katharine Hamnett, avait été l'une des premières artistes à imprimer des slogans sur des t-shirts dans le but de faire passer un message politique. Lynne augmenta ses acquis au cours de cette campagne et s'attira de nouveaux clients dans les domaines du design, de la mode, de la musique et de la chanson populaire. Vingt ans plus tard, elle avait une équipe de cinquante personnes, était devenue une vedette et, partout en Grande-Bretagne, on était suspendu aux lèvres de cette pro des relations publiques axées sur le style de vie. Son travail s'étendait de la création et la gestion de la London Fashion Week (la Semaine londonienne de la mode) — un événement international bisannuel pour les créateurs de prêt-à-porter — à la mise sur pied de campagnes pour Amnistie internationale, Greenpeace ou Fashion Cares/AIDS Awareness.

Bref, Lynne et son entreprise étaient légendaires, mais en 1992, tout bascula. Après vingt ans passés à jongler avec les rôles d'épouse, de mère de deux enfants, de relationniste vedette, Lynne vendit son entreprise. Par le fait même, la structure et les convictions qui l'avaient soutenue tout ce temps s'écroulèrent autour d'elle — sa santé eut des ratés, son mariage échoua — et elle comprit aussitôt qu'il lui fallait immédiatement réinventer sa vie.

Elle s'intéressa à un certain nombre de causes et de comités bénévoles, et fut bientôt attirée par les problèmes des femmes au travail. Puisque son expérience de la mode et de la culture populaire avait été pour elle synonyme d'une très grande réussite, elle ne s'était jamais sentie inférieure en tant que femme. Mais quand elle entra dans « la vraie vie » et qu'elle prit conscience des nombreux obstacles que devaient franchir les femmes dans leur vie personnelle et professionnelle, elle en fut outrée et voulut remédier à cette situation. En 1995, en prévision de la Rencontre féminine des Nations Unies à Beijing qui devait avoir lieu plus tard cette même année, Lynne mit sur pied un événement de prestige en Angleterre, sous le titre de What Women Want (Ce que veulent les femmes). Non seulement cet événement remporta-t-il un franc succès, mais Lynne, grâce à son expérience de relationniste, sut piquer la curiosité des médias du monde entier, si bien que les questions féminines, si longtemps négligées, reçurent une couverture médiatique maximale. Ce moment marqua le début de son renouveau.

« Je me suis mise à prononcer des conférences à travers le monde, à m'adresser à des femmes qui avaient transformé leur vie et celles d'autres femmes — en Afrique, en Asie et ailleurs. Ce faisant, j'ai compris que j'avais vécu à l'abri de ces réalités dans un univers axé sur le consumérisme et le matérialisme. Soudain, j'affrontais des problèmes qui me préoccupaient beaucoup. Cela a transformé ma vie. »

Aujourd'hui, Lynne a signé plusieurs ouvrages, notamment *The Seed Handbook* et *Grow : The Modern Woman's Handbook*. Elle dirige SEED, un organisme qui s'efforce d'éduquer les femmes du monde entier et de les inspirer à prendre le contrôle de leur situation financière. « Cela a donné un sens à ma vie, qui en manquait cruellement. Certes, j'avais toujours donné de mon temps à des organismes caritatifs, même lorsque j'étais au sommet de ma carrière, mais aujourd'hui j'ai découvert comment fusionner mes valeurs personnelles et mon travail. C'est ce qui fait toute la différence. »

Il y a plusieurs exemples d'individus qui se dévouent à des bonnes causes. Des vedettes d'Hollywood, tel Paul Newman, par exemple, s'efforcent de changer les choses. Après le décès de leur fils Scott d'une surdose, Paul et son épouse Joanne Woodward fondèrent la Scott Newman Foundation, dont le but est de renseigner les gens sur les méfaits de l'abus de drogue et d'alcool. Grâce à sa gamme de produits alimentaires, Newman's Own, qui va des vinaigrettes santé aux sauces pour pâtes, il remet une part importante de ses profits à des organismes de charité qui se consacrent aux arts, aux enfants, aux sinistrés, aux problèmes écologiques et à la faim dans le monde. En raison des 80 millions de dollars qu'ils ont rassemblés au profit de plusieurs organismes caritatifs, en 1994 le couple Newman reçut le Jean Hersholt Humanitarian Award. « Il n'y a rien d'exceptionnel ou de noble à travailler à des œuvres de bienfaisance, dit-il un jour. C'est plutôt le contraire qui m'étonne. »

Paul Newman, entre autres, est un modèle difficile à imiter, mais l'altruisme peut s'exprimer de diverses façons et sous différentes formes. L'important est de prendre la décision de l'intégrer à votre vie.

Jamie Oliver, par exemple, adhère à cette philosophie. À vingt-huit ans, il est déjà un chef réputé, l'auteur d'un livre de recettes à succès et une vedette de la télévision. Mais à quoi occupe-t-il la majeure partie de son temps? À un restaurant sans but lucratif où il exerce ses talents culinaires à des fins de bienfaisance. Dans le cadre d'un organisme appelé Cheeky Chops, Oliver forme à l'art culinaire quinze jeunes chômeurs sans expérience ou presque dans son nouveau restaurant londonien baptisé Fifteen. Son but est de donner une chance à de jeunes démunis doués pour la gastronomie. Le restaurant Fifteen n'est pas encore profitable, mais il accumule les critiques dithyrambiques depuis son ouverture à l'automne 2002. Il faut parfois attendre plusieurs semaines, voire plusieurs mois avant de pouvoir y réserver une table. L'entreprise permet à Oliver de rendre un peu de ce qu'il a reçu et, comme partout dans la restauration, ce n'est pas toujours facile. Mais en dépit de l'inévitable stress, Oliver assume joyeusement son rôle de guide. «J'ai beaucoup appris sur la nature humaine. Chacun de ces jeunes a sa propre personnalité. Il apprend et réagit à sa façon très personnelle. […] Il faut faire preuve à la fois de patience et de fermeté.» Voici donc quelques stratégies à envisager pour ceux qui voudraient intégrer des activités de bienfaisance dans leur parcours.

N'ATTENDEZ PAS AVANT DE RENDRE CE QUE VOUS AVEZ REÇU
Franco Carlotto croit à l'importance de redonner ce qu'on a reçu à notre collectivité, à notre milieu professionnel ou à une cause au moment où l'on développe notre carrière plutôt que plus tard, quand on est supposé être plus sage et qu'on a davantage de temps à notre disposition. «Rien n'est plus valorisant que de rendre ce

qui nous a été donné. Cela donne envie de donner chaque fois un peu plus. Non seulement vous aidez quelqu'un d'autre, mais vous dorlotez votre sentiment de réussite. »

On songe ici à l'intention qu'a eue Chan Hon Goh quand elle décida d'écrire son autobiographie. Elle voulait que les jeunes lectrices s'identifient à une danseuse au sommet de sa carrière, car elle savait qu'une telle immédiateté aurait du poids. On songe aussi à Jerry Mitchell qui, au moment le plus actif de sa carrière, n'a pas hésité à chorégraphier des spectacles dans le but d'amasser de l'argent pour la cause du sida.

TROUVEZ UNE AVENUE QUI VOUS CONVIENT

Certaines personnes se contentent de donner de l'argent. D'autres veulent participer plus directement à l'acte de donner, qu'il s'agisse de distribuer de la nourriture dans une soupe populaire ou d'offrir des cadeaux aux enfants nécessiteux à Noël. D'autres préfèrent mettre sur pied leur propre organisme et contrôler la distribution des fonds, les programmes éducatifs, des programmes de développement ou d'assistance. Pour certains, les limites de temps sont telles qu'ils préfèrent adopter un organisme qu'ils respectent et trouver le créneau où ils pourront être les plus efficaces. Le message est simple : faites ce qui reflète le mieux vos valeurs personnelles ; défendez une cause qui vous concerne réellement, trouvez le créneau qui vous permettra de contribuer à la société au maximum de vos possibilités.

FAITES L'INVENTAIRE DE VOS TALENTS

Les organismes de bienfaisance sont parfois des avenues frustrantes pour les individus qui considèrent que les réunions interminables ou les comités peu efficaces représentent une perte de temps et d'efforts. Or, quelle que soit votre cause, sachez formuler honnêtement vos points forts et vos points faibles. N'acceptez de faire que ce que vous pourrez faire avec aisance et professionnalisme.

Vous saurez mieux inspirer les autres et être plus efficace pour ceux qui en ont réellement besoin.

Les personnes qui désirent se consacrer à une œuvre de bienfaisance gagneraient à lire les ouvrages de Lynne Franks, car ceux-ci sont une source précieuse de renseignements sur tout ce que cette démarche exige. Elle vous conseille entre autres de toujours avoir une vue d'ensemble, non seulement de ce que vous désirez accomplir, mais du lieu où vous voulez vivre, de la façon dont vous souhaitez occuper votre temps et dépenser votre argent, et de la façon dont vous envisagez votre développement futur. Souvent, dit-elle, les gens se lancent par hasard dans le bénévolat, s'en enthousiasment, mais au bout de quelques années, ils sont déçus de voir comment ces actes de bienfaisance ont altéré leur mode de vie. Il est parfois tentant de se laisser emporter par la vertu d'une bonne cause, mais avant de lui consacrer votre temps et votre énergie, faites un examen de conscience. Lynne nous incite aussi à obéir au précepte catalan suivant : *A poc a poc* qui signifie « pas à pas ».

Si tentant qu'il soit d'offrir aux gens une feuille de route pour les guider dans leurs convictions, la vérité est que c'est un chemin tortueux où le changement est inévitable ainsi que l'élément de surprise.

L'accueil de la part d'inconnu

Si tentant qu'il soit d'offrir aux gens une feuille de route pour les guider dans leurs convictions, la vérité est que c'est un chemin tortueux où le changement est inévitable ainsi que l'élément de surprise. Peu importe votre façon de vous réinventer et de reformuler vos convictions, vous devez toujours faire place à l'inattendu.

Lorsque je m'adresse à des auditoires du monde entier, je m'efforce toujours d'introduire la notion de « réalisme magique » dans mes propos, histoire de rappeler aux carriéristes et aux entrepreneurs que la réussite procède souvent du mariage entre pragmatisme et heureux hasard. Si vous ne vous intéressez qu'aux résultats ou que votre univers est sans nuances, vous ne faites sans doute pas preuve de l'imagination nécessaire pour percevoir les occasions favorables qui se présentent, même lorsqu'elles vous pendent au bout du nez. D'autre part, vous aurez beau rêver et planifier, n'oubliez pas qu'il faut aussi avoir les pieds sur terre pour atteindre la ligne d'arrivée.

Andy Spade parle du rôle important qu'a joué le hasard dans son parcours professionnel. Après avoir développé son entreprise pendant quelques années, il en a eu assez de fabriquer des sacs à main. « Je pense, dit-il, que l'administration quotidienne de l'entreprise m'avait usé. » Qu'a-t-il fait ? En dépit du succès croissant de son entreprise, il s'est permis de rêvasser à une autre entreprise de détail. La quincaillerie et les fournitures d'artisanat et de bricolage le fascinaient depuis toujours. Il se mit donc à tracer les plans d'un magasin qui offrirait tous ses articles préférés pour hommes, des bidules de quincaillerie aux accessoires vestimentaires. Après beaucoup d'efforts, Andy a ouvert sa boutique Jack Spade qui suscita des critiques très enthousiastes.

« J'adore pouvoir combiner une bibliothèque de prêt à un magasin de vélos usagés. Voyez-vous, qui songerait à associer une fabrique de sacs à main à une bibliothèque ? La création de cette boutique étonnante a représenté pour moi une libération. Cela m'a donné l'occasion de voir les boutiques Kate Spade sous un jour nouveau — de la configuration des lieux à la publicité, en passant par l'administration au jour le jour. Ce fut l'occasion rêvée pour moi de renouveler mon engagement envers l'aspect intuitif de la gestion d'entreprise. Ce faisant, je me suis souvenu de ce qui compte vraiment. »

Quel que soit le nom qu'on lui donne — intuition, surprise, imprévisibilité, ou simple «impossibilité de savoir» —, les personnes que j'ai conseillées, interviewées ou avec lesquelles je me suis entretenue au fil des ans ont toutes souligné l'importance de l'élément de surprise à cette étape de leur parcours, celle de la conviction. Mais c'est seulement lorsque j'ai eu le bonheur de faire la connaissance de Rita Rogers, l'une des voyantes les plus réputées de Grande-Bretagne, que j'ai vraiment pris conscience du pouvoir de l'intuition.

Rita collabore au magazine *Bella*, elle fut la voyante personnelle de Diana, la princesse de Galles, elle a été l'invitée de toutes les émissions de débats imaginables, de *Larry King Live* à CNN jusqu'à *Good Morning America*, et elle a signé de nombreux bestsellers sur la spiritualité. Après m'être entretenue avec elle à Londres, je n'ai pas été surprise de constater la longue liste de ses réalisations et de ses admirateurs dans un domaine si souvent perçu avec cynisme et appréhension. L'aptitude de Rita à percer à jour ce que les gens lui disent, à identifier ce qu'ils tentent à tout prix d'éviter et de leur dire clairement est troublante.

Rita descend d'une longue lignée tsigane romani. Née en Écosse, elle est la seule fille d'une famille de quatorze enfants. Quand elle eut dix ans, sa grand-mère lui annonça qu'elle avait le don de «seconde vue», et elle la prit sous son aile. À la mort de sa grand-mère, Rita, qui avait vingt ans, devint la voyante de la famille. Le titre lui revenait de droit.

Au cours de notre entretien, Rita relata de nombreuses anecdotes qui reflétaient l'importance qu'elle accorde à l'intuition et qui démontraient à quel point il est rare que les gens laissent leur intuition les guider lorsqu'ils se trouvent à une croisée des chemins. Mais de toutes ses histoires, celle qui suit m'a le plus marquée :

Il y a plusieurs années, Rita reçut un appel téléphonique d'un général de l'armée. Celui-ci lui demandait de l'aider à retrouver deux de ses soldats qui s'étaient égarés dans les Alpes au cours d'une mission militaire secrète. Ayant eu recours en vain à tous les appareils de communication de haute technologie à sa disposition, après avoir perdu six heures précieuses il surmonta ses réticences et contacta Rita sur les conseils d'un de ses hommes qui la savait voyante. Il suffit de quelques minutes pour que Rita détermine l'emplacement exact des deux soldats et qu'elle en fasse part avec précision au général. Mais celui-ci résista ; il se refusa à lancer un hélicoptère à la recherche de ses hommes sur la simple vision d'une femme. Rita le supplia de retrouver ses soldats avant minuit, car elle savait que ces derniers ne pourraient pas tenir plus longtemps.

Un hélicoptère décolla enfin vers deux heures du matin. Les soldats furent retrouvés exactement à l'endroit prédit, mais ils étaient morts. Le lendemain, le général appela Rita au téléphone et lui dit : « Si seulement vous m'aviez fourni des arguments logiques, une explication… j'aurais réagi plus tôt et nous aurions évité ce désastre. » Ce à quoi Rita répondit : « Si vous vous étiez permis un peu d'intuition, si vous aviez eu davantage foi en l'inconnu, nous aurions pu sauver ensemble la vie de ces hommes. »

Ce n'est pas un hasard si, au long du parcours des ambitionnistes, l'indépendance d'esprit que requiert la première étape, celle de la révélation, revient en force à la dernière étape. Comme dans tous les cycles, la fin (ici, la septième loi) marque un retour à la case départ et à une nouvelle révélation de l'ambition. S'il est possible d'inciter les gens à trouver des façons d'intégrer le hasard et l'imprévisibilité dans la conclusion de leur trajectoire, il est en revanche impossible de leur enseigner la manière d'y parvenir. Les ambitionnistes n'ignorent pas ce fait. Ils lui sont tributaires.

La transmission de votre patrimoine

Lorsque j'ai demandé au Dr Larry Norton de définir son rôle — scientifique, médecin ou inventeur — il répondit : « Avant tout, je suis un enseignant. » Dans son monde à lui, la durabilité des réalisations dépend de la transmission de celles-ci à la génération suivante de médecins et de scientifiques qui poursuivront ces recherches et cet enseignement. La formule est simple. Mais tandis que Larry parlait de transmission de patrimoine, je me suis rendu compte que l'on associe souvent l'ambition à l'égocentrisme, à la réalisation des besoins et des désirs personnels. Mais lorsqu'un individu aspire à créer quelque chose dont on se souviendra, que l'on admirera, qui pourra être lu, vu ou discuté, il met en place les fondements mêmes d'une transmission de son patrimoine. Cette transmission a aussi pour effet de libérer les ambitionnistes, de leur permettre de poursuivre de nouveaux objectifs en sachant que leurs efforts profiteront à d'autres.

« Un des moments les plus importants de ma vie, dit Larry, a eu lieu lorsque j'étais jeune professeur à l'hôpital Mount Sinai. Le lendemain matin d'un soir où j'étais de garde, je sus que, la veille, un de mes patients avait subi un choc septique, ce qui peut être extrêmement dangereux. L'interne de service avait fait exactement ce qu'il fallait faire et, à mon arrivée, le patient était remis. Je n'arrivais pas à croire qu'on ne m'ait pas appelé — je veux dire, habituellement l'interne doit appeler le médecin de garde dans ces cas-là. J'ai dit à l'interne : "Vous avez fait un excellent travail et, heureusement, tout s'est bien passé. Mais je suis curieux de savoir pourquoi vous ne m'avez pas appelé." Et il me dit : "Eh bien, un cas identique s'est présenté la semaine dernière et vous nous avez minutieusement expliqué comment agir dans une telle situation, si bien que j'ai fait exactement ce que vous nous aviez dit de faire." Ce fut là un des grands moments de ma carrière. Non seulement avais-je pu sauver indirectement la vie d'une personne grâce à mon expertise, mais j'avais aussi transmis à d'autres ce savoir. J'ai éprouvé un sentiment de grande euphorie quand je me suis rendu compte que j'avais contribué en temps réel à quelque chose de valable et de durable. »

Franco Carlotto parle lui aussi de transmission. Un jour qu'il signait des autographes dans une école élémentaire d'Atlanta, un petit garçon d'environ cinq ans s'approcha de lui et lui demanda s'il pouvait lui donner un gros câlin. Il lui dit alors à l'oreille : « Merci, monsieur Culturisme, de m'avoir enseigné comment être en santé. Je ne l'oublierai jamais. » Le bonheur que Franco éprouva à cette rencontre dépassa largement celui que lui avait procuré l'un ou l'autre de ses nombreux trophées.

Que nous transmettions nos valeurs à nos enfants par l'exemple, aux personnes que nos réalisations professionnelles influencent ou à celles que nous enseignons, la transmission du patrimoine est au cœur même de l'ambition et elle plante le décor de notre prochain parcours.

Le mot de la fin

Passer d'une ambition à l'état brut à une ambition correctement gérée exige la prise de conscience de votre système de valeurs : qui vous êtes, quels sont vos objectifs et quels sont vos principes, de même qu'une redéfinition continuelle des moyens à prendre pour réaliser vos aspirations en accord avec votre notion de la réussite.

Quand je songe à l'ambition, je songe inévitablement aux périodes d'examens à l'université. Certains étudiants sont si ardents à obtenir de bonnes notes que tous leurs efforts, toutes leurs stratégies visent ce but ultime. Puis il y a les autres, ceux qui, en dépit de leur jeunesse, savent que le savoir est inestimable et que le simple fait d'apprendre a de l'importance, que l'on reçoive ou non un timbre d'approbation. Voilà une réalisation appréciable. Il en va de même de l'ambition — elle n'a d'autre valeur que celle que nous gagnons à la comprendre, à évoluer avec elle, à apprendre par elle et à constamment la redéfinir en fonction de nos circonstances personnelles. Un bon emploi ou une bonne réputation, c'est merveilleux, agréable et motivant ; mais ce sont des considérations secondaires si on les compare au dialogue intérieur qui pousse les ambitionnistes à aller de l'avant.

Larry Norton me dit qu'un jour on lui demanda ce qu'il ferait si l'on trouvait enfin un remède au cancer. « Je prendrais sans doute une semaine de congé pour aller faire du ski, puis je reviendrais ici et je trouverais une autre recherche, un autre remède auquel consacrer ma vie. C'est la pure vérité. »

*

On dit qu'Alexandre le Grand a pleuré quand il n'a plus eu de mondes à conquérir. Les ambitionnistes cessent de poursuivre leurs objectifs quand ils ne reconnaissent plus les valeurs et les principes qui guident leurs actes. Le fait de savoir que leur quête est sans fin est ce qui leur permet de revenir sans cesse à la case départ, de toujours y redécouvrir du neuf et d'aller de l'avant.

ÉPILOGUE

Le fil d'arrivée

Faites des voyages. Osez-les. Il n'y a rien d'autre.
TENNESSEE WILLIAMS

J'ai d'abord eu l'idée d'un épilogue qui rassemblerait des réponses à une dizaine de questions concernant l'avenir apparent de notre rapport à l'ambition. Mais, curieusement, plusieurs des futuristes que j'ai consultés ont eu des réticences à répondre à de telles questions et, à la réflexion, je me range à leur point de vue. Il n'y a pas de début, ni de milieu ni de fin à l'ambition telle qu'elle se rapporte à chacun d'entre nous. Ce serait plutôt un processus ininterrompu, un parcours qui clarifie tout naturellement nos convictions et nos valeurs à mesure que nous réexaminons chacune des étapes de notre vie. C'est une lutte qui nous irrite en raison de ce qu'elle nous force à sacrifier et à combattre chaque jour, une lutte que nous apprécions aussi en raison de ce qu'elle nous enseigne.

Ainsi, au lieu de m'efforcer en vain de récapituler les sept lois de la réussite et de résumer le lieu où celle-ci nous conduit, il m'a semblé plus pertinent de définir le sens de ce « fil d'arrivée. » Curieusement, j'ai trouvé les réponses que je cherchais en trois endroits étrangers les uns aux autres.

En 2003, j'ai réalisé un sondage en ligne pour la Girls Intelligence Agency, une entreprise californienne de recherche et de mise en marché à l'intention de compagnies qui visent une clientèle jeune et féminine. Mon intention était de me faire une idée de ce que représente l'ambition pour les jeunes femmes. Quand je leur ai demandé : « Que signifie pour vous être ambitieuse ? » 41 p. 100 d'entre elles ont répondu : « Faire ce qu'il faut pour réussir ». Mais à la question : « Qu'est-ce qui compte le plus pour vous ? » 62 p. 100 ont répondu : « Être heureuse ». Au début de cet ouvrage, j'ai comparé la vision surannée de l'ambition — celle de la réussite à tout prix, de la concurrence acharnée — à la volonté aujourd'hui croissante de faire de l'ambition l'élément déclencheur d'une vie heureuse et d'une carrière enrichissante. N'est-il pas curieux qu'un nombre important de participantes à ce sondage ferait n'importe quoi pour réussir mais souhaite avant tout le bonheur ? Sans doute l'expression « à tout prix » ne représente-t-elle pas pour elles un point de départ contradictoire, mais un élément inhérent du bonheur possible. En d'autres termes, pour la nouvelle génération, parvenir « au fil d'arrivée » signifie peut-être faire l'impossible pour être heureux.

Lorsque je leur ai demandé : « Vous considérez-vous plus ou moins ambitieuse que vos amies ? », 92 p. 100 ont répondu l'être davantage. Quand je leur ai demandé : « L'ambition est-elle une qualité à vos yeux ? » 98 p. 100 ont répondu par l'affirmative. Cela signifie-t-il que ces jeunes sujets estiment que leurs amies ne sont pas ambitieuses, ou qu'elles se jugent elles-mêmes ambitieuses *au point de supplanter* leurs amies ? Quoi qu'il en soit, il semble indéniable que l'ambition soit le seul choix possible et que, y voyant justement un choix, ces jeunes femmes se soient déjà engagées dans leur parcours vers le fil d'arrivée.

À la dernière question : « Qui est votre modèle de femme ambitieuse ? », plus de la moitié des sujets ont répondu qu'il s'agissait de leur mère. Dans nos conflits avec l'ambition, quels désirs, quelles certitudes les parents que nous sommes transmettent-ils à leur progéniture ?

Ma deuxième source d'inspiration pour définir ce « fil d'arrivée », je l'ai trouvée dans le livre de David Brooks, *Les Bobos*. Je n'avais de cesse de relire le même paragraphe où il décrit le conflit permanent entre les valeurs bourgeoises et les valeurs anticonformistes tel qu'il s'exprime aujourd'hui dans la nouvelle classe supérieure : « La pire des tensions, pour parler emphatiquement, est celle qui oppose la réussite sociale aux vertus intérieures. Comment pouvons-nous progresser dans la vie sans laisser l'ambition flétrir notre âme ? Comment pouvons-nous amasser les ressources nécessaires à nos réalisations sans devenir esclave du matérialisme ? Comment pouvons-nous assurer à notre famille une vie agréable et sécuritaire sans nous laisser écraser par une routine dévastatrice ? Comment pouvons-nous faire partie de l'élite sans devenir insupportablement snob ? »

En y réfléchissant, j'ai constaté que la plupart de ces interrogations sous-tendaient les conversations et les entretiens que je menais partout dans le monde en préparation à la rédaction du présent ouvrage. Au lieu de trouver des réponses à ces questions, chaque entretien en a inspiré d'autres. Ces conflits semblent être universels. Ils continueront toujours à nous harceler à des degrés divers. J'ai néanmoins compris que les ambitionnistes ne s'attardent pas à l'exercice futile qui consisterait à les réconcilier ; ils choisissent plutôt un juste milieu où rassembler les éléments dont ils ont besoin pour transformer leur ambition première en un apprentissage, une curiosité et une évolution qui donneront lieu à une ambition efficacement gérée. Cela, en soi, constitue un excellent point de départ.

Qu'est-ce qui motive l'ambitionniste à affronter cet inépuisable défi ? Ma troisième source d'inspiration est le roman de John Steinbeck, À l'est d'Éden. Vers le milieu du récit, deux des principaux personnages discutent de l'Ancien et du Nouveau Testament et du sens que chacun donne à certaines de leurs interprétations. « La King James formule une promesse lorsqu'elle dit « thou shalt » (tu seras [victorieux]), assurant les hommes de leur victoire sur le péché. Mais dans le texte original en hébreu, l'expression *timshel* — « *thou mayest* » (tu pourras [être victorieux]) — lui en donne le choix. C'est sans doute l'expression la plus importante au monde. Elle dit que la voie est libre. »

Ce passage m'a rappelé qu'en conclusion à mon premier livre, *Bulldog*, j'avais eu recours à une expression hébraïque, *Ein Breira*, que l'on peut traduire grosso modo par « c'est inévitable ». Je décrivais ainsi comment, en repoussant les frontières du possible, les entrepreneurs transmettraient inévitablement leurs acquis.

L'ambition, ai-je découvert, exige précisément le contraire : le choix. Chacun choisit jusqu'où il ira avec cette ambition, jusqu'où il désire repousser les frontières du possible, et combien de fois il reformulera sa notion de réussite. Le mantra de l'ambitionniste pourrait donc être *Timshel* — tu pourras. Il évoque l'optimisme nécessaire pour parvenir au fil d'arrivée et permet à chacun de célébrer le possible à sa façon très personnelle. C'est là que réside l'avenir de l'ambition.

NOTES

Introduction : Une approche ambitionniste gagnante

P. 9. **Une enquête sociale générale menée par Statistique Canada en 1998...** *Le Quotidien*, communiqué de presse de Statistique Canada : enquête sociale générale sur l'emploi du temps, 9 novembre 1999. En ligne à www.statcan.ca. Les sondeurs ont interrogé 10 749 sujets de plus de quinze ans en provenance de dix provinces canadiennes et vivant dans leur famille. Les répondants devaient tenir un journal de leur emploi du temps au cours d'une période de vingt-quatre heures.

P. 9 **« Ce pourcentage équivaut à celui... »** Anna Kemeny, « Déterminés à réussir : un portrait des bourreaux de travail au Canada », *Tendances sociales canadiennes*, printemps 2002, Catalogue No 11-008 de Statistique Canada. Offert en ligne à www.statcan.ca/Daily/Français/020311/q020311f.htm.

P. 10 **« Aux États-Unis, 78 p. 100 des sujets interrogés... »** Peter Vogt, *Redefining Career Values*, téléchargé le 20 octobre 2003 de http://editorial.careers.msn.com.

Première loi : La révélation

P. 32 **« Au lieu de porter un jugement sur notre mouvement vers l'avant... »** Edward de Bono, *Six chapeaux pour penser*, traduit de l'américain par Michèle Siécat-Sauvalle, Paris, Interéditions, 1987.

P. 35 **« Mener un cheval où il veut aller... »** Linda Obst, *Hello, He Lied — and Other Truths from the Hollywood Trenches*, New York, Broadway Books, 1996, p. 73.

Troisième loi : L'appartenance

P. 66 **« l'importance que Hallmark donne au développement d'une image... »** Robinette, Scott et Claire Brand, avec la collaboration de Vicki Lenz, *Emotion Marketing : The Hallmark Way of Winning Customers for Life*, New York, McGraw-Hill, 2001.

P. 82 « [Mon mari et moi] jouissions d'un grand avantage quand nous avons fondé notre entreprise... » www.katespade.com.

P. 82 « Elle sillonne le monde à la recherche... » www.designersguild.com.

P. 83 « Premièrement, nous traitons bien nos clients... » www.katespade.com.

Quatrième loi : La force d'impulsion

P. 100 « Si faire ce que l'on aime dans la vie... » Magazine *Contract*, janvier 2002, p. 34.

P. 113 « Quel bruit fait un pays qui remet en question... » Polly LaBarre, « How to Lead a Rich Life », *Fast Company*, mars 2003, p. 72.

P. 113 « le regain de popularité des chaussures Hush Puppy... » Malcolm Gladwell, *Le point de bascule : Comment faire une grande différence avec de très petites choses*, traduit de l'américain par Danielle Charron, Montréal, Transcontinental Inc., 2003.

P. 114 « Les producteurs du film avaient axé leurs activités de promotion sur une mise en marché Internet... » Mary Elizabeth Williams, « The Blair Witch Project », 13 juillet 1999. Téléchargé le 27 octobre 2003 de www.salon.com.

P. 114 « Que puis-je encore dire de G-Push... » www.gpush.com.

Cinquième loi : L'équilibre

P. 127 « 25 p. 100 des Canadiens... » Wallace Immen, « "Role Overload" Makes Workers Sick », *The Globe and Mail*, 22 octobre 2003, p. C3.

P. 127 « Près de la moitié des Canadiens... » Conference Board du Canada, « Is Work-Life Balance Still an Issue for Canadians and Their Employers ? You Bet It Is ! », juin 1999.

P. 128 « 80 p. 100 des dépenses reliées aux soins de santé... » Melinda Davis, *The New Culture of Desire : 5 Radical New Strategies That Will Change Your Business and Your Life*, New York, The Free Press, 2002, p. 59.

P. 128 « En Finlande, plus de 50 p. 100... » « S.O.S. Stress at work : Costs of Workplace Stress Are Rising, with Depression Increasingly Common », *World of Work (Magazine of the International Labour Organization)*, N° 37, décembre 2000.

P. 129 « Aux États-Unis, la dépression clinique... » *Ibid.*

P. 129 « **Le principal impératif du comportement humain…** » Davis, p. 76.

P. 129 « **une étude menée aux États-Unis par le Next Group…** » Davis, p. 63.

P. 136 « **Que faites-vous pour que vos élèves de deuxième année soient de tels Picasso…** » John Guare, auteur de la pièce et du scénario de *Six Degrees of Separation*, mis en scène par Fred Schepisi, 1993.

P. 146 « **Ne bronzez pas idiots !** » Davis, p. 195-196.

P. 149 « **Certains conseillers, spécialisés dans le jumelage…** » Doug Saunders, « Self-Employed Get Support from Personal Boards ; CFOs : Business Directors Provide Work Strategies ; "Woo-Woo Person" Gives Spiritual Guidance », *The Globe and Mail*, 14 septembre 2002, p. A3.

P. 150 « **les deux aspects de leur vie auxquels les gens très riches…** » Polly LaBarre, « How to Lead a Rich Life », *Fast Company*, mars 2003, p. 79.

Sixième loi : La maturité

P. 170 « **Le pouvoir est incroyablement séduisant…** » Caroline Nolan, « Ambition », dans *Scarlett*, mai-juin 2003, Vol. 1, N° 1, p. 27.

P. 171 « **Les entreprises, écrit-il, s'efforcent d'inculquer aux employés…** » David Brooks, *Les Bobos*, traduit de l'américain par Marianne Thiriout et Agathe Nabet, préfacé pour l'édition française par Jean-François Bizot, Paris, Le Livre de Poche, 2002.

Septième loi : La foi

P. 182 « **le Career Innovation Group (Groupe d'innovation professionnelle)…** » Nannette Ripmeester, communiqué de presse, 13 août 2001. « Creating an Entrepreneurial Culture : a gathering of senior leaders and HR innovators near Paris in November 21, 2001. »

P. 184 « **Jim Collins a inclu une "Liste de choses à ne plus faire"…** » Jim Collins, *Good to Great : Why Some Companies Make the Leap… and Others Don't*, New York, HarperBusiness, 2001, p. 139-140.

P. 195 « **Il n'y a rien d'exceptionnel…** » Angela Dawson, « Newman's Own Road », téléchargé le 29 octobre 2003 de http://entertainment.sympatico.ca/celebs/features/newman.html.

P. 196 « **J'ai beaucoup appris sur la nature humaine…** » Marion Kane, « Naked

Chef Gives Back », *The Toronto Star*, 11 octobre 2003, p. L1-L4. Téléchargé le 28 octobre 2003 de www.thestar.com.

Épilogue : Le fil d'arrivée

P. 207 « **La pire des tensions…** » David Brooks, *Les Bobos*, traduit de l'américain par Marianne Thiriout et Agathe Nabet, préfacé pour l'édition française par Jean-François Bizot, Paris, Le Livre de Poche, 2002.

P. 207 « **La *King James* formule une promesse…** » John Steinbeck, *À l'est d'Éden*, traduit de l'américain par J.C, Bonnardot, Paris, Le livre de Poche, 2002.

REMERCIEMENTS

É crire un livre, comme toute réussite difficile, dépend des personnes qui s'y sont dévouées.

J'aimerais avant tout remercier les nombreux lecteurs et auditoires avec lesquels j'ai eu le plaisir d'interagir et qui se sont donné la peine, ces dernières années, de me faire part de leurs questionnements, de leurs problèmes et de leurs ambitions. Leurs confidences ont donné le coup d'envoi au présent ouvrage.

Je suis redevable à chacune des personnes en vue qui ont accepté d'être interviewées. Je les remercie pour leur sincérité, leur lucidité et leur empressement à explorer l'ambition sous tous ses angles : Jim Balsillie, président et codirecteur général de Research in Motion ; Cheryl Barker, chanteuse d'opéra ; Robyn Benincasa, première coureuse d'endurance de l'Echo Challenge ; Elena Berezhnaya, médaillée d'or olympique ; Michael Birch, président et propriétaire du First Nations Buying Group ; Po Bronson, auteur du best-seller *Que faire de ma vie ?* Hilary Brown, correspondante à l'étranger pour ABC News ; EJ Camp, photographe portraitiste et photographe publicitaire ; Dean Canten, cofondateur de la marque de vêtements internationalement connue D-Squared ; Franco Carlotto, six fois champion du monde de culturisme ; Robert Carsen, metteur en scène de réputation internationale ; le Dr Clarissa Desjardins, vice-présidente administrative de l'expansion de l'entreprise chez Caprion Pharmaceuticals, Inc. ; Bob Faulkner, le plus âgé des coureurs d'endurance de l'Echo Challenge ; Lynne Franks, auteur et fondatrice de SEED ; Simon Franks, chef de la direction de Redbus ; Chan Hon Goh, première danseuse au Ballet national du Canada ; Tricia Guild, fondatrice, The Designers Guild ; Adèle Hurley, stagiaire de troisième niveau, Affaires hydriques, Munk Center,

Université de Toronto; Silvia Imparato, négociante en vins, Montevetrano Wines; Eleanor Lambert Berkson, fondatrice du International Best Dressed Poll; Dr Susie Lieberman, directrice, Programme de protection des espèces, Fonds mondial pour la nature; Jerry Mitchell, chorégraphe vedette de Broadway, notamment pour la production de *Hairspray*; Dr Larry Norton, directeur du département d'oncologie des tumeurs solides, Memorial Sloan-Kettering Cancer Center; Glenn Pushelberg et George Yabu, fondateurs de Yabu Pushelberg; Karin Rashid, concepteur industriel mondialement connu, créateur, entre autres, de la chaise Oh; Rita Rogers, voyante britannique célèbre; Wayne Scott, conseiller cadre d'Action Strategies Inc.; Mackie Shilstone, gestionnaire de rendement, Ochsner Clinic Foundation; Andre J. Spade, cofondateur de Kate Spade; Stephen Starr, grand restaurateur, propriétaire notamment du Buddakan; Celestina Wainwright Wallis; Andrew D. Watson, directeur artistique, Cirque du Soleil; Anthony E. Zuiker, créateur et producteur exécutif de la série télévisée *CSI (Crime Scene Investigation)*.

Je n'aurais pu terminer ce livre sans la collaboration et l'expertise de Robin Kalbfleisch, Kelly O'Neill et Joy Parker. Merci aussi à Lindsay Therrien pour m'avoir secondée dans mes recherches.

Merci à mes agents littéraires, qui sont toujours là pour moi : Bruce Westwood et Hilary Stanley McMahon et leur équipe de Westwood Creative Artists.

Un merci tout spécial à ma muse, Gillian Lowe, pour son indéfectible aptitude à engendrer des idées et à me motiver.

Enfin, comme toujours, je remercie Lola de me tenir compagnie; Lynne de veiller à la bonne marche de la maison; ma Chloë chérie pour la joie qu'elle me procure; mon mari, Chris, qui m'aide à me concentrer sur mon travail; et mon père, dont le souvenir n'a de cesse de m'inspirer.

TABLE DES MATIÈRES

Achevé d'imprimer au Canada
sur les presses des Imprimeries Transcontinental inc.